歌舞伎と日本人

中村義裕
nakamura yoshihiro

東京堂出版

はじめに

平成三十年（二〇一八）を迎え、歌舞伎は、現在十代目を襲名披露興行中の松本幸四郎《まつもとこうしろう》、市川海老蔵《いちかわえびぞう》、片岡愛之助《かたおかあいのすけ》、市川猿之助《いちかわえんのすけ》といった昭和四十年代・五十年代生まれの世代を中心に、「歌舞伎」という枠組みを越えて、さまざまなジャンルとの競演などで元気な賑わいを見せています。しかし、歌舞伎が常に観客との間でこのような距離感や熱気を保っていたわけではありません。

歌舞伎が始まったのは、演劇史の年表上では慶長三年（一五九八）に行われた「ややこ踊り」とされていますが、その五年後に京都の河原で「出雲《いずも》の阿国《おくに》」と名乗る女性の一座が始めたものが現在の歌舞伎の原型と考えるのが一般的でしょう。すでに四百年以上の歴史を持つ、世界に冠たる古典芸能です。しかし、その間、歌舞伎は常に一般大衆に支持され、人気を博しながら歴史を重ねてくることができたのでしょうか？

身分差別の厳しかった時代には「河原乞食《かわらこじき》」と蔑《さげす》まれ、政治的な弾圧にさらされ、あるいは後発の芸能にその人気を凌駕《りょうが》されと、何度も危機に見舞われています。それを、したたかともしなやかとも言える強い生命力で克服し、現代に生きながらえてきた芸能が歌舞伎なのです。

歌舞伎と観客との関係も同様で、蜜月時代が続いてきたわけではありません。観客が歌舞伎から遠ざかった時代もあれば、熱狂した時代もあります。歌舞伎と日本人は、時代によって、距離感と関係性を微妙に変えながら、共に生きてきたのです。

本書では、歌舞伎と観客が紡ぎ出してきた歴史を、「江戸以前」「江戸」「明治」「大正」「昭和・戦前」「昭和・戦後」「平成」と七つの時代に分けました。そして、私たち日本人と歌舞伎がどのような関係を持ってきたのか、その時々の人々がどう受け止めたのか、「演劇史」や「演劇論」という視座だけではなく、もう少し気軽な「日本人文化論」としての視座も合わせて、両者の関係を読み解くことにしたいと思います。

それぞれのエピソードは一話完結とし、どこから読み始めてもよいような形式にしました。気軽に歌舞伎に触れていただければ幸いです。

筆者識

明治時代――新しい時代の波を受けて　71

●大正時代――大正モダニズムと歌舞伎 115●

昭和時代——第二次世界大戦を挟んで［戦前編］ 133

昭和時代――第二次世界大戦を挟んで［戦後編］ 167

●平成時代――これからの歌舞伎のありようとは 229●

●江戸以前●
混沌とした時代の中で

●歌舞伎の始祖「出雲の阿国」を巡る謎●

「歌舞伎」の始まりについては、慶長八年（一六〇三）に京都の四条河原《しじょうがわら》で「出雲《いずも》の阿国《おくに》が『かぶきおどり』を演じた……」という記述を、日本史の教科書などで見ることがあります。時代は徳川家康《とくがわいえやす》が江戸に幕府を開く直前、大規模な戦乱も終わりを告げ、京都や大坂にも平和が訪れ、世情も安定し、商人や町人が文化や娯楽にも目を向ける余裕が出てきた頃のことです。

平成二年（一九九〇）二月から『花の慶次——雲のかなたに』（隆慶一郎原作、原哲夫作画）という漫画の連載が『週刊少年ジャンプ』誌上で始まり、大人気を博したことで、「かぶく」「かぶき者（傾奇者）」という言葉が一般にもかなり浸透しました。

「異様な風体をする」「突飛な行動をする」ことを「傾く」と言い、これを「かぶく」と読みますが、それが名詞化して「かぶき」となりました。現在使われている「歌舞伎」あるいは「歌舞妓」の文字は後世の当て字で、演劇的要素の「歌」「舞」「伎（演技）」がうまくはめ込まれたために定着したのです。

『阿国歌舞伎図屏風』（京都国立博物館所蔵）に描かれた「出雲の阿国」の姿は、確かに異形の風体です。女性でありながら男装をし、長い刀を持ち、首からはクルス（十字架）のネックレスを掛けています。出自は名前からも想像できるように、「出雲大社」の巫女《みこ》です。神に仕える巫女が、異教の印《しるし》を首に掛け、仏教の「念仏踊り」を踊るのは、確かに突飛な行動でしょう。一人で三つの宗教を象徴するパフォーマンスは、当時の人々の目を惹くには充分「傾《かぶ》いて」いたと思われます。

　この劇団のトップ女優が「出雲の阿国」だとすれば、相手役の二枚目のコンビとして語られるのが「名古屋《なごや》（那古屋・名護屋）山《さん》三《ざ》」（または名古屋山三郎《さんさぶろう》）です。生年は元亀三年（一五七二）とも天正四年（一五七六）とも言われていますが、慶長八年（一六〇三）五月に歿した実在の武将です。尾張《おわり》（現在の愛知県名古屋市）で生まれ、蒲生氏郷《がもううじさと》（一五五六～九五）の小姓《こしょう》として仕えて、氏郷の陸奥名生《なお》城攻めに従って一番槍の功を挙げたとされます。氏郷の歿後は蒲生家を離れて浪人し、のちに森忠政《もりただまさ》（一五七〇～

教科書などに掲載されている「出雲の阿国」。

一六三四）に仕えますが、同僚と喧嘩沙汰になり美作津山《みまさかつやま》（現在の岡山県津山市）で亡くなりました。断片的に残る史料から、山三が美男子だったことは間違いないようですが、彼の経歴を見ていると、どうも京都の阿国歌舞伎で名コンビだった「名古屋山三」と同一人物とは考えにくい要素があります。

名古屋山三の美名を耳にした何者かが彼の名を名乗ったことも充分に考えられますが、現在のところは、真相については新しい研究成果を待つしかなさそうです。ただ、「阿国・山三」という美男美女のコンビがのちの歌舞伎に与えた影響は大きく、美男の代名詞として「山三郎」の役名が『参会名《さんかいな》護屋《ごや》』（一六八〇年）という作品にも登場し、以後もほかの作品にその名を見ることができます。

●歌舞伎と売春の関係●

「芸能」と「売春」が切り離すことのできない関係であることは、現在も「枕営業」という言葉が芸能界に存在している以上、残念ですが否定はできません。倫理や道徳の観点から良いはずがないとわかっていても、近代思想が生まれる遥か以前から、両者は一本の縄のように結び付いた関係でした。「出雲《いずも》の阿国《おくに》」たちの、時には肌も露わに踊る「女かぶき」が、即座に売春と結び付いたことは容易

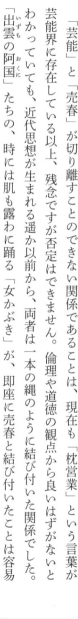

に想像できます。「女かぶき」が風紀紊乱《ふうきびんらん》のもとになるという理由で禁じられると、次は、元服前の美少年を集めた「若衆《わかしゅ》歌舞伎」が生まれました。今よりも同性愛に寛容で、なおかつ盛んだった江戸時代には、これも即座に性愛の対象となりました。

現在の法律では、男性同士の性行為は金銭の授受が伴っても「売春」あるいは「買春」にはなりません。しかし、実態は男女間の売春と同じで、江戸時代には成年に達しない少年たちが、少年を愛好する贔屓《ひいき》の客に肉体を提供し、一人の少年の取り合いで刃傷沙汰《にんじょうざた》まで起きています。そのため、「若衆歌舞伎」も禁止されました。

そして、ようやく成年男子だけで演じる「野郎《やろう》歌舞伎」と呼ばれる現在の歌舞伎に近い型式が生まれることになるのです。しかし、成人男子の、現代の感覚で言えば「おじさん」ばかりの芝居が娯楽として成立するわけはなく、やむなく「女形《おんながた》」が生まれることになりました。「女形」の出現によって、踊りからドラマへと芸能としてのクオリティが高まった一方、売春行為は地下水脈へと潜行し、現在までその流れを絶やさずにいるようです。

「若衆歌舞伎図」（部分）。

現代人よりも平均寿命が短く、成年に達する年齢（元服《げんぷく》は十一～十七歳の間に行われました）が早かった時代に、三十代の男性が女性を演じることには異様な感覚があったことでしょう。それをいかに自然に見せるか、その工夫のために女形の芸の研鑽《けんさん》が始まり、現在に至っています。その間には、化粧や照明などの技術の発達、時代による肉体の変化などの要素が加わり、今ではさして不自然なものとは思われなくなりました。

「財産」という感覚が現代よりも遥かに希薄で、かつ庶民には遠い時代にあって、若い数年間の美しい肉体は、男女を問わず大きな財産になったのだとも考えられます。ことに、男性だけの「武士」が支配していた時代において、美少女と美少年が同等の、あるいは美少年が美少女を上回る価値を持っていたのは事実です。

それればかりではなく、裕福な、あるいは地位の高い女性たちが「買春」を行うこともありました。「役者買《か》い」という言葉があるように、裕福な女性たちは劇場に隣接する「芝居茶屋」や、劇場とは離れた「待合《まちあい》」などを利用して、贔屓の役者を呼び、酒宴を共にし、関係を結んだのです。しかし、両者には「身分」という大きな壁がありました。役者のことを「人間以下の非人《ひにん》、あるいは河原乞《かわらこ》食《じき》」などと蔑《さげす》む人もいましたので、武家の女性や裕福な町家の女性にとっては、ただでさえ隠さなければならない不倫の相手が「役者」であることには、二重の苦労が付きまとったのです。

明治維新を経て、身分をめぐる関係は解き放たれたかに見えましたが、そうではありませんでした。「見えなくなった」だけで、本質が変わることはなかったのです。これは「善悪」の問題で割り切れる単純な話ではありません。身分の差などは無いほうが良いに決まっていますが、簡単に制御できるものであれば、とうの昔に消えているはずです。「必要悪」というつもりはありませんが、消すことのできない「何か」があり、誤解を恐れずに言えば、まだ効力が生きているから残っているのだ、とも言えるのです。

武士の公式芸能「能楽」との違い

講演や講義などで、「歌舞伎と能の違い」の説明を求められることがしばしばあります。あまり専門的ではなくご理解いただけるように、私は「歌舞伎は主人公が『生者』、能は『死者』、歌舞伎は『庶民』の芸能、能は『武士』の公式な芸能」と対比して説明をしています。芸能の性質と世間との関係、あるいは立場の問題です。歴史的には「能楽（申楽《さるがく》）」のほうが二百年ほど古いでしょう。

能の創始者であり大成者と言われる観阿弥《かんあみ》（一三三三～八四）と世阿弥《ぜあみ》（一三六三?～一四四三?）の父子。世阿弥が室町幕府の三代将軍足利義満《あしかがよしみつ》（一三五八～一四〇八）の前で舞を披露した折、義満はその美童ぶりに目を奪われ、自ら盃《さかずき》を取らせるほどでした。義満がこの父子のスポンサーになったために、能楽は武士の世界で生きることになりました。しかし、世情や権力者の動向次第で、庇護《ひご》される側の状況が変わるのは昔も今も同じです。やがて義満が歿すると、寵愛《ちょうあい》しきりだった世阿弥の運命も大きな変転を遂げ、冷遇されたのちに佐渡島《さどがしま》へ流されるという運命を辿ります。

しかし、その後も能は武士や公家に愛好され、江戸時代においても命脈を保ちました。ところが、明治維新という大きな時代のうねりの中で、能の最大のスポンサーだった武士階層が消えることになります。これこそが能を襲った最大の悲劇です。格式が高かったゆえに、歌舞伎よりも十一年早く、明治九年（一八七六）には「天覧観能」が行われました。しかし、それまで庶民に開放されていなかった芸能が、すぐに庶民の娯楽に馴染むわけではありません。これも、芸能が背負わざるを得ない宿

江戸城内で催された町入能（「町人御能拝見之図」）。

命の一つなのかもしれません。

一方の歌舞伎は、能とは対照的に、常に庶民に寄り添った「反体制」の芸能でした。発想の根源は、ロック・ミュージックに近い性質を持っていたとも考えられます。その分、徳川幕府からの弾圧も受けましたが、同じ明治維新というタイミングで、こちらは逆に多くの規制から解き放たれました。江戸時代に爛熟《らんじゅく》を見せた庶民の文化エネルギーを味方にして、形を変えながらも現代まで「スター」を生み出し続けています。

江戸時代、芸能としては能役者（能楽師）よりも低く見られていた歌舞伎役者は、能を観ることさえ叶いませんでした。しかし、「大衆」という多数を相手にしていた歌舞伎役者とは異なり、能の世界には、年間に千両もの給金を取る役者はいなかったはずです。

もう一つの決定的な違いは「興行」です。能が基本的には一夜限りの催しで、演じられる場所も能楽堂のような二百人～三百人といった規模が中心であるのに対し、歌舞伎は一ヵ月近く、劇場も定員が千人を超える大規模なものです。「一夜限り」を尊重した武士の芸能は、庶民の圧倒的なパワーと明治以降の後発芸能に押され、徐々に愛好家のものになりました。これは能だけの問題ではありません。庶民が支えている芸能は、移ろいやすい興味が別のものへ変わった瞬間に衰えが始まります。

一世を風靡《ふうび》した講談《こうだん》や浪曲《ろうきょく》などの古典芸能の数々が同じような運命を辿ったことを考えれば、大劇場で多くの観客を集める歌舞伎も安心してはいられません。歌舞伎が庶民に支えられている芸能である限りはまだ大丈夫でしょうが、移り気な庶民が目を移した時に歌舞伎は最大の危機に直面することになるのです。

●江戸時代●

徳川二百六十年と共に生きた歌舞伎

●人形浄瑠璃と歌舞伎の関係●

人形浄瑠璃《にんぎょうじょうるり》は「文楽《ぶんらく》」とも呼ばれます。人形浄瑠璃は歌舞伎に先行する芸能で、最初は一人で操っていた人形を現在のように三人の人形遣いが操る人形劇であること、セリフを言えない人形に代わって「義太夫《ぎだゆう》」の語りでドラマが進むことの二点が歌舞伎との大きな違いです。歌舞伎は人間が演じますので、セリフを言うことができます。義太夫の詞章《ししょう》を地の文章、いわばナレーションとセリフに分け、分担して演じるのが歌舞伎、とも言えるでしょう。人形浄瑠璃は、当時の文化・経済の中心地だった大坂で発達し、黄金時代を迎えました。その中の人気作品を歌舞伎に移すことが盛んに行われましたが、その段階で、太夫（語り手）と三味線弾きが受け持つ部分と、役者がセリフとして言う部分に分けられました。

人形浄瑠璃の優れた劇的構成に刺激を受けた歌舞伎は、義太夫を使わずに、役者のセリフと下座《げざ》音楽（お囃子《はやし》）と呼ばれる音楽効果で見せる「世話物《せわもの》」と呼ばれる歌舞伎の演目が「江戸」を中心に生まれました。大坂で義太夫の伴奏を中心に、江戸以前の世界や事件を描いた「時代物《じだいもの》」、主として江戸時代に起こった事件や庶民の生活を描いた「世話物」という大雑把な分類が誕生しました。すべての演目を「時代物」「世話物」ときれいに分けることはできず、両者が入り混じった「時代世話」と呼ばれるジャンルの作品もあります。大坂では義太夫、江戸では長唄《ながうた》が歌舞伎の伴奏音楽として発達したために、それぞれの土地の特色や気風を活かした作品が生まれました。

歌舞伎よりも古い歴史を持ち、その内容を認められていた人形浄瑠璃の太夫には、「掾号《じょうごう》」という栄誉が与えられました。江戸時代の国の名前を付けて呼ぶことを許すという、現在の勲章にも等しい栄典です。「摂津大掾《せっつのだいじょう》」「山城少掾《やましろのしょうじょう》」など、こうした「掾号」は技芸の名人の証《あかし》であると同時に、社会的な地位や身分の保証でもありました。こうしたことも、一番近い関係にありながら、人形浄瑠璃と歌舞伎は疎遠だった理由の一つです。人形浄瑠璃と歌舞伎が共演すれば、より濃密な味わいの舞台が観られることは、芝居に詳しい方はご存じかもしれません。

しかし、それが実現したのはなんと昭和三十四年（一九五九）、つい六十年ほど前のことです。歌舞伎四百年の歴史の中で大きな話題と波紋

「北条時頼記」（享保十一年〈一七二六〉初演）のうち、五段目切「女鉢の木雪の段」の舞台を描いたもの。

を呼んだこの公演は、歌舞伎の八世松本幸四郎《まつもとこうしろう》（一九一〇～八二）が人形浄瑠璃の八世竹本綱太夫《たけもとつなたゆう》（一九〇四～六九）、十世竹澤弥七《たけざわやしち》（一九一〇～七六）の二人の名人と創り上げた『嬢景清八嶋日記《むすめかげきよやしまにっき》』、俗に「日向島《ひゅうがじま》の景清」という作品です。歌舞伎の人気役者と人形浄瑠璃の名人二人による共演には、現代の私たちが想像する以上に、古い伝統の壁に阻まれ、多くの苦労があったと聞いています。それを乗り越えたのは、新しい試みに挑もうとした人々の情熱にほかなりませんでした。

人形浄瑠璃の太夫と三味線のコンビは、人形浄瑠璃の世界で生きるのが基本的なルールです。ただ、昭和三十四年の共演をきっかけに、その後も歌舞伎との共演は何度か見られるようになりました。平成二十年（二〇〇八）には人形浄瑠璃が世界無形文化遺産に登録されたものの、平成二十四年（二〇一二）には大阪市による文楽協会への補助金見直し問題が起こり、世間の耳目を集めました。この事態を切り抜けた人形浄瑠璃は、最近では大入りを続けていますが、公演回数が増加しているなどの事情や、関わる人数の違い、太夫の高齢化など、以前とは別の問題で、現在では歌舞伎との共演がなかなか難しいようです。

●江戸三座とは何か●

歌舞伎の入門書を読んでいると、必ず「江戸三座《さんざ》」という項目があります。劇場の開設や歌舞伎の公演が、幕府の許可を得ないとできないほどに規制が厳しい江戸時代にあって、正式に幕府から「公認を受けた」江戸三座だからこそ、重要な項目として扱われているのです。具体的には「中村座《なかむら》」「森田座《もりた》」「市村座《いちむら》」の三つの芝居小屋を指しますが、正徳四年（一七一四）まではこれに加えて「山村座《やまむら》」があり、「江戸四座」でした。別項で述べますが、山村座は正徳四年に起きた「江島生島《えじまいくしま》事件」という大スキャンダルで廃座となり、以降は江戸三座体制で歌舞伎の興行が続けられることになります。幕府からの公認を得ている印《しるし》は「櫓《やぐら》」と呼ばれ、正面玄関の上に「櫓を上げる」ことは、座《ざ》元《もと》の誇りでもあり、離れたところからでも見える劇場のシンボルマークでもありました。

とは言え、幕府の許しを得ても、現在のように毎月、歌舞伎公演が行われていたわけではありません。「金主《きんしゅ》」と呼ばれるスポンサーが興行に必要な資金を調達し、公演の幕を開けますが、儲かる保証はどこにもありませんでした。金持ちが集まっても、赤字が続けば興行を打つことが難しくなります。そうした場合や江戸で頻繁に起きた大火などによって、江戸三座で興行ができない時のために、それぞれの劇場が「ピンチヒッター」とも言うべき存在の「控え櫓」を持っていました。「中村座」には「都座《みやこ》」、「市村座」には「桐座《きり》」、「森田座」には「河原崎座《かわらさき》」が、一時的に興行権を譲られ、代わりに興行を打つシステムになっていたのです。

ではなぜ、幕府はこのようなバックアップ・システムを用意してまで「江戸三座」という規律を守ることに腐心したのでしょうか？　それは、幕府にとって、歌舞伎を上演する劇場が、売春を目的とする「吉原《よしわら》」と同様に「悪所《あくしょ》」と見なされていたからです。吉原も芝居町も、魚河岸と共に「一日に千両の金が落ちる」と言われました。しかし、魚河岸は別にして、吉原も芝居町も生産性に結び付く場所ではありません。そればかりか、幕府政治に対して批判や風刺をする歌舞伎は、政治的には決して好ましい存在ではありませんでした。そうした風潮が各地に広がらないように、幕府は監視の目を光らせ、公認を受けた劇場でなければ歌舞伎を興行させないシステムを作り出したのです。それをさらに強化するために天保十三年（一八四二）、江戸城下から「悪所」を一掃するという

芝居見物客で賑わう猿若町。通り左側手前から中村座・市村座・河原崎座。それぞれの芝居小屋の木戸口の上には櫓があがっている。歌川広重『東都 芝居町繁栄之図』より。

目的で、堺町《さかい》・葺屋町《ふきや》（どちらも現在の中央区日本橋人形町）や木挽町《こびき》（中央区銀座六丁目）にあった芝居小屋を、吉原の近くにある猿若町《さるわか》（台東区浅草六丁目）という当時の江戸郊外へ一ヵ所にまとめることにしたのです。

しかし、いつの時代も庶民は逞《たくま》しいものです。人気役者が顔を揃え、時には矛盾した、あるいは庶民に苦労を強いる幕府の政治を洒落のめす歌舞伎に喝采を贈り、演じる側も観客が喜ぶような仕掛けを考えては舞台に乗せました。現代のように言論の自由が確保されていない時代の中で、お上とスレスレのやり取りをしている歌舞伎を、一ヵ所にまとめて残して置くことで、庶民に「ガス抜き」をさせ、政治への不平不満を発散させる機会としての効用を、幕府も渋々ながら認めていたのでしょう。いつの時代も政治と庶民の関係には、どこか似た部分があるようです。

江戸時代に確立されていたロングラン・システム

現代の演劇界で、「千秋楽《せんしゅうらく》を決めない」ロングラン・システムを行っているのは、「劇団四季」ぐらいではないでしょうか。ほかにも「ロングラン公演」と銘打った芝居は数多くありますが、例えば東京での数ヵ月の公演を振り出しに、次は名古屋、京都、大阪、博多などで上演し、合計何ヵ月、という計算の仕方が多いようです。

江戸時代の歌舞伎は、今よりも作品の選択肢が少なかったことや、容易に次の作品の準備ができなかった状況もあり、観客が入っている間は「千秋楽」を決めずに上演を続け、客足が落ちてきた頃を見計らって「千秋楽」を決めていました。今のように、一つの芝居が終わって一週間も経たないうちに次の芝居が幕を開けるような形で年間を通して劇場のスケジュールが決まっていると、どんなに好評な芝居でも公演期間内の休演日に「追加公演」を一回か二回設けるのが精いっぱいです。つまり、ロングランという形式での上演は不可能なのです。

江戸時代の歌舞伎の興行形式は、現在の一部の「映画」の製作・上映方式のシステムに似ている部分があります。作品製作のために「出資者」を募り、「製作委員会」を構成し、製作を行います。公開の結果、儲かれば出資者には応分の配当がなされますが、赤字になれば配当はありません。上映開始後も、客足が良ければ様子を見ながら終わりを決めずに上映しますが、客足が落ちると一日の映写回数も減り、モーニング・シアター、ナイト・シアターのような形を経て終わります。資金を出した側からすれば、一回でも多く上映して、より多くの配当を得て、製作資金の回収をしたい、という点では江戸時代の歌舞伎興行と共通しています。

江戸時代の歌舞伎が、観客が入るだけ上演を続けたのは、公演ごとに「金主《きんしゅ》」と呼ばれるスポンサーを募り、そのお金を元手に芝居を打っていたからです。大きな違いは、映画は出資者の数が多い場合は百人を超えることがあるのに対し、当時の芝居は多くても三人程度、ほとんどが一人か二人で負担していたことでしょう。その分、博打《ばくち》のようですが、当たれば儲けも大きくなります。現代は、歌舞伎を上演する劇場の持ち主と、芝居を制作する会社が同一の場合が多く、松竹が歌舞伎座や新橋演舞場《しんばしえんぶじょう》など、自社所有もしくは関係性の深い劇場を使用し、自社で制作します。東宝もシアタークリエや帝国劇場など自社の劇場を所有しています。江戸時代は、劇場の持ち主である「座元」と、芝居の出資者である「金主」は、必ずしもイコールではありませんでした。そのため、座元は興行を打つたびに金主を探して歩くことになります。

芝居の「金主」になることは、「金主で儲けた人はいない」と言われるほどにリスクが高かったようです。最大の経費は昔も今も人件費で、例えば劇場が年間「二百両」の給金で抱えた役者に対し、自分が金主となった芝居で拘束する期間は、観客の入りに関係なく約束の金額を支払わねばなりません。千両役者ばかりではないとはいえ、すべての役者や裏方の人件費だけでも相当な金額になります。加えて、「関係者」へのご祝儀の配り方一つで、物事の進み具合も変わります。江戸っ子に「みみっちい奴だ」と思われ、客先に「旦那、今度の芝居はよしにして、次のほうがよござんす」などと言われてはたまりません。昔も今も、見栄が価値になる世界という側面があることは否定できません。だからこそ、ファンにはその姿が眩《まぶ》しく輝いて映るのです。

ロングランになる芝居は上方《かみがた》で多かったのですが、それには地形も影響していました。前面に広く江戸湾が開けて風通しが良く、火事早い江戸では、江戸市中の半分を焼く規模の大火が平均五年に一回の割合で起きていました。一方、京都や大坂は江戸に比べると比較的火事の被害は少なく、安定した環境のもとで興行を続けられたのです。

歌舞伎の演目で記録すべきロングランは、別項で触れますが近松門左衛門《ちかまつもんざえもん》が正徳五年（一七一五）に大坂・竹本《たけもと》座の人形浄瑠璃に書き下ろした『国性爺合戦《こくせんやかっせん》』です。主人公の和藤内《わとうない》は中国の人物ですが、日本と中国を股にかけたスケールの大きさや仕掛けが大当たりをし、三年越し、実に一年七ヵ月のロングランとなりました。これを歌舞伎が見逃すはずはなく、翌享保元年（一七一六）には京都の都万太夫座《みやこまんだゆう》で歌舞伎化され、初演されています。以降、『国性爺』の物語を歌舞伎化することが流行し、享保二年（一七一七）には江戸三座で『国性爺合戦』の競演が行われています。その間には近松が続編の『国性爺後日《ごにち》合戦』を書いて大当たりし、続演されました。

幕府を揺るがした大スキャンダル「江島生島事件」

昔も今も、庶民はスキャンダルが大好きです。中でも芸能に関する話題は人気があります。江戸時代に、歌舞伎役者をめぐるスキャンダルで関係者千四百名が処罰を受け、果ては「島流し」という極刑に近い重い罰を受けるほどの事件が、江戸城内と歌舞伎界を揺るがせたことがありました。

時は七代将軍徳川家継《いえつぐ》（在位：一七一三〜一六）の治世の正徳四年（一七一四）のことです。この時、史上最年少の将軍は六歳でしたが、事件がこれほどに大きくなった原因は、将軍の背後にいる人々の政治的な動きによるものでした。

家継の生母月光院《げっこういん》に仕える大奥御年寄《おおおくおとしより》の江島《えじま》（一六八一〜一七四一）が、主人の名代《みょうだい》として先代将軍家宣《いえのぶ》の墓参に出掛けた帰り、現在の歌舞伎座近くにあった「山村座《やまむらざ》」で、人気役者の生島新五郎《いくしましんごろう》（一六七一〜一七四三）が出演する芝居を観ました。その後、江島一行は芝居茶屋に新五郎を招いて宴会を催し、大奥の門限に遅れてしまったのです。たとえ重役でも、門限は門限です。閉ざされた門を開けろ、開けぬと騒いだのが江戸城中に知れてしまい、ついには裁判にまで発展しました。そこに、「男子禁制」

であるべき大奥の重要な立場の人間が、「こともあろうに役者風情と密通を」という疑惑が付き、事件が一気に大きくなったのです。

真実はいまだに藪の中ですが、当時の政治状況を考えると、大奥の中で敵対する派閥が流した噂と考えるのは容易です。しかし、事の真偽はともかく、将軍の間近に仕える身分の者が、「庶民の娯楽」である歌舞伎を観ることが社会問題にまで発展する時代があったのです。昭和の後半に、わずかな金額で女性を愛人にしようとして、あっという間に総理の座を追われた人がいましたが、こちらは、慶長八年（一六〇三）以来、百年以上続いている「徳川将軍家」のプライドに関わります。わずか十二年前の元禄十五年（一七〇二）、五代将軍綱吉《つなよし》の治世下では、歌舞伎の名作『仮名手本忠臣蔵《かなでほんちゅうしんぐら》』のモデルになった「赤穂《あこう》事件」が起きています。切腹をさせられた赤穂藩主の浅野内匠頭《あさのたくみのかみ》の旧臣たち四十七名が、お上の裁決に不服とばかりに、主君の仇討ちを果たし、江戸っ子を喜ばせました。そんなことも、「江島生島事件」を庶民が囃《はや》し立てた原因の一つになったのかもしれません。

月岡芳年『新撰東錦絵 生島新五郎之話』（明治十九年）より。

それにしても凄まじいのは処罰の厳しさと連座した人の範囲の広さです。張本人の江島は本来であれば「死罪」に相当するところを、罪一等を減じられたとはいえ「島流し」。ただ、周囲の嘆願によってさらに罪一等を減じられ、信濃高遠藩《たかとお》（現在の長野県伊那市）にお預け。現在も伊那市内に残る「江島屋敷」を訪ねる人はあとを絶ちません。相手の生島新五郎は、三宅島《みやけじま》への「遠島《えんとう》」、つまり「島流し」です。新五郎が出演していた山村座の座元《ざもと》（劇場の持ち主）の山村長太夫《ちょうだゆう》も大島《おおしま》に遠島された挙句、山村座も「お取り潰し」となりました。

当事者はともかく、巻き添えを食った人々が多かったことにも驚きます。山村座に限らず、劇場の周りで、プレイガイド・食堂・休憩所の役割を果たしていた「芝居茶屋」は、密会などができないような簡素な造りに改築せよとの命令を受けました。それればかりか、この機会に大奥の風紀を正そうと、大奥に取り入っていた御用商人から医師までが遠島や追放という、どう考えても割に合わない重さの罪に問われたのです。

江島は二十七年間に及ぶ幽閉《ゆうへい》生活を経て、高遠で六十年の生涯を寂しく終えました。その墓所は、大正五年（一九一六）に作家の田山花袋《たやまかたい》が発見するまで、百七十年も放置されていたと言われています。一方の新五郎は、三宅島で二十八年を過ごしたのち、八代将軍吉宗《よしむね》によって赦免され、寛保二年（一七四二）に江戸へ戻ったものの、その翌年、七十三歳で歿しました。

江島と生島新五郎の、たった一夜の逢瀬《おうせ》が多くの人の人生を大きく狂わせ、さらに歌舞伎は幕府に睨まれ、以降は都合の良いように利用されていくのです。

この事件は後発の演劇にも大きな影響を与え、何人もの作家によって劇化され、人気作品となりました。最初は大正元年（一九一三）、長谷川時雨《はせがわしぐれ》の『江島生島』が歌舞伎座で上演、その後は舟橋聖一《ふなはしせいいち》の新聞小説『絵島生島』が話題になり、舞台化されました。これらの作品は姿を変え、二〇〇〇年代には『大奥』として再び人気を博すことになるのです。

●中国を舞台に取り入れた近松門左衛門の「眼」●

「日本のシェイクスピア」とも呼ばれる近松門左衛門《ちかまつもんざえもん》（一六五三〜一七二五）。七十二年の生涯で、百十本余りの人形浄瑠璃《にんぎょうじょうるり》や歌舞伎の作品を残しました。近松の、日本の演劇分野における功績の大きさは改めて言うまでもありません。武士の子に生まれ、公家に仕えて暮らしている間に蓄えた古典漢籍に関しての素養が、浄瑠璃作者となって一気に開花したのです。

近松門左衛門という、歴史に名を残す偉大な作家について書くべきことは山のようにありますが、ここで取り上げておきたいのは三つの話題です。まずは、大ブームを巻き起こし、果ては幕府から「上演禁止」の措置まで受けた一連の「心中物《しんじゅうもの》」の創作。『曾根崎心中《そねざきしんじゅう》』『心中天網島《しんじゅうてんのあみじま》』『冥途《めいど》の飛脚《ひきゃく》』など、遊女と男の心中物は世間を大いに沸かせました。芝居に憧れて心中をする人々があとを絶たず、社会現象となったために上演が禁止されました。芝居が社会現象を起こすことはそれ以前にはなかったことで、特筆しておきたいと思います。

もう一つは、劇作家としてのスケールの大きさです。男女の機微《きび》を描くことにも長《た》けていましたが、正徳五年（一七一五）に初演された『国性爺合戦《こくせんやかっせん》』の主人公和藤内《わとうない》は、鄭成功《ていせいこう》をモデルにし、中国人の父と日本人の母を持つ「ハーフ」です。この目新しい設定が爆発的な人気を呼び、十七ヵ月に及ぶロングラン記録を打ち立てました。海外との交流が制限されていた時代に、隣国とはいえ外国である中国に題材を求め、史実をもとに大胆なアレンジを施した大仕掛けで豪華な芝居は、当時の観客を魅了してやまなかったのでしょう。

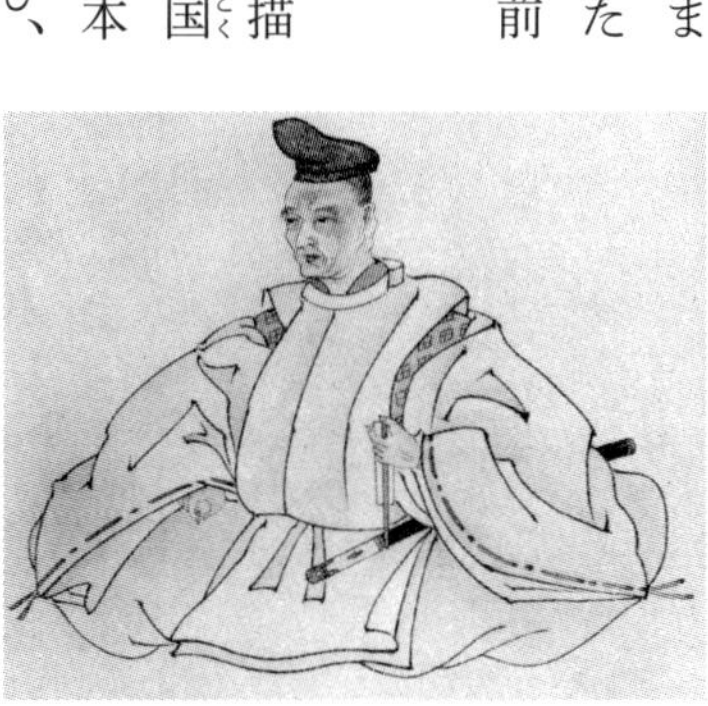
近松門左衛門の肖像。

この当時は、人形浄瑠璃のために作品が書かれ、好評だと歌舞伎化されるという順序が一般的で、『国性爺合戦』もすぐに歌舞伎化されたばかりか、のちに読本《よみほん》（絵を主体とした草双紙《くさぞうし》に対して、読むのを主とした本のこと）も出板され、続編も執筆されるほどの人気を博しました。日本の作家が、海外に題材を得て翻案することは、明治以降の近代劇では盛んに行われましたが、鎖国下の日本でこの感覚を持っていたのは、優れた感性の持ち主だったことの証明にもなります。『国性爺合戦』だけではなく、近松の感性が生み出した作品は、現代の歌舞伎のレパートリーになお残って人気を保っています。日本で最も息の長い劇作家、と言えるでしょう。

最後に一点記しておきたいのは、近松が「劇作家」として演劇論を残していることです。日本で初めての演劇論は、能の大成者である世阿弥《ぜあみ》（一三六三？～一四四三？）が、『花伝書《かでんしょ》』または『風姿花伝《ふうしかでん》』の名で呼ばれている、実演者の立場でまとめたものです。これは、世界最古の「体系立った演劇論」として現在も生きています。一方、近松が残したのは『難波土産《なにわみやげ》』という浄瑠璃の評釈本の中で、近松と親交が深かった儒学者の穂積以貫《ほづみいかん》が聞き書きの形式で残した『虚実皮膜論《きょじつひまくろん》』と呼ばれるものです。これは、作者の側から演技の本質のありようを喝破したもので、「演技の要諦《ようてい》は、ウソとホントの間に存在する薄い膜の中にある」ということになります。作り込んだ芝居でもなければリアリズムに偏ったものでもない、その間にあるものを探せという、演技者にとって非常に示唆に富んだ演技論です。「演劇学」などの学問がない時代に、こうした自論を展開できたのは、作者として多くの作品を生み出す実体験を重ねた結果であることは言うまでもありません。

　歌舞伎が「古典芸能」として特別な眼で見られ、語られるのは、ただ古いからではありません。四百年を超える歴史の中で、こうしたことが積み上げられてきたからなのです。現在の役者たちは、先人たちが堆積してきた知識の頂点で芝居をしながら、自分が立っている山の頂上を少しでも高いものにしようと努力を重ねています。それができるのも、土台が確固としているからこそでしょう。もちろん、立派な作者は近松一人ではありません。近松半二《はんじ》（一七二五～八三）、並木正三《なみきしょうざ》（一七三〇～七三）、並木五瓶《ごへい》（一七四七～一八〇八）、並木千柳《せんりゅう》（宗輔《そうすけ》、一六九五～一七五一）、三好松洛《みよししょうらく》（一六九六～?）、竹田出雲《たけだいずも》（?～一七四七）、四世鶴屋南北《つるやなんぼく》（一七五五～一八二九）、河竹黙阿弥《かわたけもくあみ》（一八一六～九三）……。演劇史に名を残した人ばかりではなく、多くの劇作家が歌舞伎や人形浄瑠璃に作品を提供したからこそ、現行で約三百を超える作品が残っているのです。また、この時代には「著作権」という概念はありません。むしろ、面白い作品があれば、その良い部分を「いただいて」、自分の作品でどう活かすかが評価の対象にもなった点では、現代とは正反対です。

　近松の作品もほかの作者によって改作され、現代まで命脈を保っているものがあります。こうしたことが許されていたのは、「個人」の権利を主張しても、まだそれが簡単には認められない時代だったからです。現代の私たちには、理解しにくい感情かもしれません。

●地方へ歌舞伎はどのように広がったのか●

時折、地方の旧家から歌舞伎の役者絵などを含む浮世絵が大量に発見された、というニュースを聞くことがあります。また、各地で子供たちによる「地芝居《じしばい》」や「農村歌舞伎」が民俗芸能として伝えられ、農閑期《のうかんき》を中心に上演されています。私が観てきた限りでは、地芝居や農村歌舞伎は東日本地方に多く、西日本は人形浄瑠璃や歌舞伎以降に発生した後発芸能の「大衆演劇」と呼ばれる時代劇や人情物などが多いようです。

地域による違いの理由は、関西から四国にかけての地域が人形浄瑠璃の「本場」で、素人でも浄瑠璃愛好者が多かったからです。また、九州は別な形で大衆演劇の文化が根ざしており、「九州だけを巡業していても、一生暮らせる」と言われたほどに熱が高く、芸の質の違いが窺えます。ただし、これは明治時代以降のことで、江戸時代には「にわか」(「仁和加」「仁輪加」などの字が当てられます)と呼ばれる芸能が伝わっています。これは、即興劇を中心とした笑いの多い寸劇《すんげき》で、江戸時代中期に江戸・京都・大坂の三都で流行したものが全国へ広がり、特に九州で発達を見ました。主に祭礼などで演じられることが多く、九州での発達の理由は、開放的な土地の気質が大きく影響しているのではないかと考えられます。

一方、東日本に伝わる主な地芝居を挙げてみると、青森県むつ市の「奥内《おくない》歌舞伎」、山形県酒田市の「黒森《くろもり》歌舞伎」、福島県南会津郡檜枝岐《ひのえまた》村の「檜枝岐歌舞伎」、埼玉県秩父《ちちぶ》郡小鹿野《おがの》町の「小鹿野歌舞伎」など、現在でも決して交通の便が良いとは言えない場所ばかりです。特に、「黒森歌舞伎」などは毎年旧正月にあたる二月に、雪の中で酒を酌み交わしながら芝居を観るという、娯楽には過酷とも言える環境での観劇です。もとは、地元の日枝《ひえ》神社に奉納するための神事の色が濃い芸能として始まったようですが、江戸や京坂からは遠隔地とも言える地域になぜ、歌舞伎が広がり、根づいたのでしょうか。

理由は二つ考えられます。まず、今の私たちが想像する以上に、各地の往来が活発に行われていたことです。もちろん、生涯、生まれた土地を出ずに終わる人々も多数いました。その反面、裕福な商人などは、身代《しんだい》を息子に譲って隠居したあと、「夢の江戸見物」へと出掛けました。そうした人々が江戸で観た歌舞伎の番付（プログラム）や浮世絵を土産に持ち帰り、地元の人々に説明をして広がることもありました。この中には、日本海側の港へ寄港しながら物資を輸送する「北前船《きたまえぶね》」も含まれます。京坂から青森を回って北海道へ物資を運ぶ船がもたらした情報は大きかったはずです。今のように「脚本」が販売されていなかった代わりに、各地を放浪しながら芸を見せ、物語を聴かせる「遊芸人」たちから仕入れた情報も大きかったでしょう。先に挙げた「檜枝岐歌舞伎」は、江戸時代中期、八代将軍徳川吉宗《よしむね》の頃、一七三〇年代から四〇年代にかけて、江戸で観た芝居の面白さを見よう見まねで伝えたものが原型とも言われています。

もう一つの理由は、「旅回り」の役者が、旅の途中でなんらかの事情で一座を抜け、その地に定住して地元の人々に芝居を教え、それが残ったからです。江戸では看板役者になれずとも、地方で歌舞伎に詳しくない人に対しては、どんな触れ込みもできた時代でした。これは、昭和三十年代頃まで美空ひばりや石原裕次郎の「贋者《にせもの》」が地方で興行を行って暮らしていたことと、根は同じです。

たとえ、江戸では大した役者でなかったにしても、芝居の内容は変わるわけではありません。小さな役で出ていても、その芝居を覚えていれば、人々に教えることは可能です。江戸と違い、「見巧者《みごうしゃ》」の観客に囲まれているわけではなく、多少怪しい部分があっても気づかなかったか、

江戸時代中期の享保年間から行われている地芝居「檜枝岐歌舞伎」。

見て見ぬ振りをしたのでしょう。それが、百年を超える長い時間の間に地方での立派な「伝統」となり、何度も江戸を往来する他の人々によって新しい情報がもたらされ、修正が施され、現在の形に至りました。江戸という繁華な地にいても、下級の役者として汲々とした日々を送るよりは、田舎で自分が習い覚えた芝居を教え、「太夫《たゆう》」とでも呼ばれたほうが気楽な場合もあったでしょう。

各地に歌舞伎を広め、「地芝居」という民俗芸能を残した人々を脱落者だと断じることはできません。江戸の市川團十郎《いちかわだんじゅうろう》も立派な歌舞伎役者ですが、こうして地方で名も残さずに亡くなった役者がいたからこそ、現代の東京や大阪の劇場で演じられるものとは別の形式で歌舞伎が残ったのです。

これに、補助的な部分で大きな役割を果たしたのが「浪花節《なにわぶし》」とも言われる「浪曲《ろうきょく》」です。歌舞伎ほど大掛かりな仕掛けもいらない気楽な芸能で、庶民への浸透も早く、加えて、題材には歌舞伎から移入したエピソードが大きな役割を果たしました。例えば、歌舞伎の『仮名手本忠臣蔵《かなでほんちゅうしんぐら》』を取り巻く「忠臣蔵外伝」と呼ばれる多くのエピソード、『南部坂雪の別れ《なんぶざかゆきのわかれ》』、『俵星玄蕃《たわらぼしげんば》』、『赤垣源蔵徳利《あかがきげんぞうとくり》の別れ』などの人気作品が、側面からの支援になりました。しかし、これらの作品は、歌舞伎の『仮名手本忠臣蔵』には存在しない場面です。歌舞伎座では上演されない演目が「農村歌舞伎」のレパートリーに残っているのは、こうした歌舞伎の周辺芸能の名残を色濃く留めているからでもあり、その点でも、貴重な価値を持つと言えるでしょう。

●「千両役者」は本当にいたのか●

時代劇や落語などで「十両盗めば首が飛ぶ」とはよく聴くセリフです。ただし、江戸時代は二百六十年余り続きましたので「一両」の価値は時期によって違います。安い場合で六万円、高くても十万円ぐらいまでで、私は講義や講演で江戸時代のお金について話す時には、真ん中をとって「一両を八万円」と計算することにしています。

面倒なのは、同じ日本の中でも江戸は金本位、京坂は銀本位の経済体系が敷かれていたことです。歌舞伎を観ているとわかりますが、江戸の芝居では「金何両」と言うのに対し、上方の芝居では「銀何貫《かん》」という言い方をします。こうした背景を踏まえ、俗に言う「千両役者」が実際にいたのかを考えてみたいと思います。先に結論を言えば、「いました」。年収が現在に直せば八千万円という、まさに「千両役者」が存在したのです。

資料に見える最初の千両役者は、二世市川團十郎《いちかわだんじゅうろう》（一六八八〜一七五八）、初世芳澤《よしざわ》あやめ（一六七三

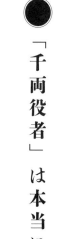

〜一七二九）の二人です。享保六年（一七二一）に給金千両を得た、との記録が残っています。以降、最高は千二百両という記録もありますが、幕府の弾圧や贅沢《ぜいたく》を禁止した改革などで役者の給金は大きく引き下げられています。このようなことが詳しくわかるのは、現代の長者番付と人気ランキングを併せたような『役者評判記《やくしゃひょうばんき》』が、明暦二年（一六五六）という歌舞伎の歴史の中でもかなり早い時期から刊行されており、そこに役者のさまざまな情報が記載されているのです。この時代は、歌舞伎の歴史で言えばまだ「初期」に当たります。しかし、こうした書物が刷られていた背景には、その前に『遊女評判記』があり、その流れを汲んでいたからでしょう。

取り上げられる役者たちは、一年前の舞台の評価によって、「上上吉」「上上」「上」「中の上」「中」などとランク付けされ、個々の役者の給金も書かれています。このランクや給金は、年ごとに変動しますが、驚いたことに『役者評判記』の出板は、明治二十年（一八八七）頃まで続けられていたのです。これらの膨大な記録は、歌舞伎研究者たちには大変貴重で、当時の歌舞伎役者が世間からどのような評価を受けていたかを客観的に知る上での重要な資料となります。これを読み解いたものが、『歌舞伎評判記集成』全二十巻・別巻二巻として岩波書店から出版されていますが、後世への貴重な財産と言えるでしょう。

現在は自分が利用したお店やレストラン、旅館などに「☆」や「いいね！」などのサインを付けてインターネット上で評価をすることが流行っていますが、こうした行動のルーツは歌舞伎や遊女の『評判記』にあるのかもしれません。昔も今も、世間の眼はとかく「千両役者」や「スター」に注がれますが、千両役者が人気を呼び、観客を集めてこそ、大部屋や脇役の役者の生活も成り立つのです。年間の給金が十両、という役者の百人分の力を見せてこそ、千両役者の価値があるというものです。一方、千両役者といえども、決して安定したものではありませんでした。その給金が生涯続くわけではなく、「民意」のない武士が支配する江戸時代に生きる役者にとっては、「浮草稼業」という意識が強く存在していたことでしょう。

千両役者の一人だった五世市川團十郎（一七四一〜一八〇一）。江戸時代中期の歌舞伎を支えた大立者《おおたてもの》の一人です。東洲斎写楽《とうしゅうさいしゃらく》の大首絵《おおくびえ》の中に有名な図柄があり、記念切手にもなっています。この團十郎はインテリで、狂歌や俳句もよくし、文人墨客《ぶんじんぼっかく》との交わりも多く、「白猿《はくえん》」をはじめとして、いくつもの俳名や狂歌名も持っています。

五世市川團十郎演じる『恋女房染分手綱』の竹村定之進。東洲斎写楽画。

四世團十郎作との説もありますが、その句を紹介しておきましょう。

「錦着て　畳の上の　乞食かな」

歌舞伎役者の身分的な立場や想いを見事に表している句と言えるのではないでしょうか。

人気役者はファッション・リーダー

昔も今も、庶民が人気者の真似をすることは変わらないようです。性別や年齢を問わず、多くのファッション雑誌が書店の店頭に積み上げられている様子は時に壮観でもあります。現代ほど情報が溢れ返っていない時代の中で、庶民はどこで新しいファッションやお洒落の情報を手に入れていたのでしょうか。江戸時代のファッション・リーダーは歌舞伎役者でした。明治に入り、「写真」という文明の利器が登場すると、「美しい女性像」の座は歌舞伎の「女形《おんながた》」ではなく「芸者」に取って代わられることになります。芸者の衣裳はあくまでも「仕事着」であり、接待のために座敷へ着て出る衣裳を庶民が真似することはできませんが、芸者の美しさは写真の登場で一気に広まりました。同時に、歌舞伎役者も「ブロマイド」の対象となり、そこで「男性が扮した女性」と「本物の女性」の差が、より克明にわかるようになりました。

では、江戸時代には、どのような形で歌舞伎役者のファッションが庶民の間に広がったのでしょうか。

日本の伝統色と言われる、ゆかしい色の呼び方があります。「ピンク」と一口に言っても、その濃淡や色合いで「桃色」「桜色」「鴇《とき》色」「珊瑚《さんご》色」など、呼び名も変わります。こうした色の中に、当時の人気役者の面影を偲ぶことができます。「團十郎茶」「芝翫《しかん》茶」「田之助《たのすけ》紅《べに》」「路考《ろこう》茶」。最後の「路考」とは、現在は歌舞伎役者ではない俳優が継いでいますが、江戸時代半ばに活躍した三世瀬川菊之丞《せがわきくのじょう》（一七四一〜七三）の「俳名」です。この菊之丞が、『八百屋《やおや》お七《しち》』の下女《げじょ》お杉《すぎ》を演じた時に着た衣裳の名をとって名づけられ、流行したのが「路考茶」です。明治の中頃までは、ごく一般的な色とされていたようです。

こうした「色」だけではなく、役者がご贔屓《ひいき》に配っていた浴衣や、その家の模様も、日本の伝統的な文様の中に残っています。有名なのは市川團十郎家の「三升《みます》」「かまわぬ」、尾上菊五郎《おのえきくごろう》家の「斧琴菊《よきこときく》」（「佳き事聴く」の洒落です）、中村芝翫家の「芝翫縞《じま》」などです。こうした柄の浴衣を着て歩くことで、自分が贔屓の役者との距離感が近づいたような感

尾上菊五郎家の「斧琴菊」の模様。

覚を持ったのでしょう。

最近は、浴衣を着る機会が少なくなったこともあり、夏場に反物を配るという習慣も薄れているようです。むしろ、こうした柄が「和のデザイン」として全く違った感覚での注目を浴び、歌舞伎とは関係のないところで浴衣に仕立てられ、販売されているのを見掛けることがありますが、買い求める人はその由来の詳細を知っているのでしょうか？

●幕府はなぜ歌舞伎を「弾圧」したのか●

昭和五十年代を中心に人気を博したザ・ドリフターズのバラエティ番組『8時だよ！　全員集合』は、子供たちの圧倒的な支持を受けた一方で、いかりや長介が扮するお母さんに反抗するいたずらっ子の姿や、少しエッチなシーンが「教育上よろしくない」とされ、小学校では「あの番組を観てはいけません」というお達しが出たこともありました。「ダメだ」と言われると、ますます欲求が高まるのはいつの時代も変わらぬ人の心で、当時のＰＴＡなどを中心とした保護者たちが抗議の声を上げれば上げるほど、子供たちの人気は高まりました。こうした番組はほかにもありましたが、ほぼ同じ経過を辿って、高い視聴率を記録しています。

江戸時代、将軍や老中・諸奉行などの幕閣が変わっても「歌舞伎」を弾圧の対象としたのは、先に挙げたテレビ番組の「禁止令」と全く同じ構造を持っていたからです。近松門左衛門《ちかまつもんざえもん》が添い遂げられぬ男女の死を「心中《しんじゅう》」という手法で美しく描けば、実際の心中がどんな苦痛を伴うにせよ、巷《ちまた》では心中が流行ります。時の為政者にしてみれば、心中が流行ってもロクなことはありませんから、当然のごとく、心中をテーマにした歌舞伎や人形浄瑠璃は禁止されました。心中に失敗して生き残った者は、現代の法律に照らせば「殺人幇助《ほうじょ》」や「殺人」などの罪に問われますが、江戸時代は、生き残った者は民衆が多く行き来する橋の上などで「さらし者」にされた挙句、住んでいた場所、あるいは江戸から追放される「所払い《ところばらい》」になりました。「芝居に出てくる心中の真似などしても何もならない」ということをわからせるための、見せしめだったのです。

現代は「言論の自由」が保障されていますが、江戸時代はそうではありません。「お上《かみ》」の政策を芝居の中で反対したり、茶化したりするようなことをすれば、すぐに「上演禁止」です。興行主にしてみれば、相当な金額をかけて舞台の幕を開けた芝居が興行中止になっては元も子もありません。それゆえ、弾圧から逃れるために「これは今（江戸時代）の話ではなく、鎌倉時代の話です。登場人物も架空の人物、あるいは歴史上の人物です」というように、物語の年代設定や登場人物の名前を変えるという対抗措置を取りました。しかし観客たちは、その芝居が形を変えた幕政批判であるとすぐに見抜き、喝采《かっさい》を送り、大人気を取ることになるのです。

昔も今も、庶民は、少し毒のあるものや、権力への抵抗・批判を好みます。自分が実際に行動を起こすかどうかは全く別の問題で、それを「観ている」分には罪を犯すことにはならず、ある程度の満足感が得られ、いささかのストレス解消にもなるからでしょう。しかし、幕府にしてみれば、庶民が満足を得るために現在の政治を批判することを許してはおけません。そこで、「役者の衣裳が派手で贅沢《ぜいたく》に過ぎる」「昔の話と言っているが、お上の批判は許されぬ」などのこじ付けとも思える理由で、上演禁止にします。したたかな興行主は、その禁止の目をどうしたらかいくぐることができるかを考え、「いたちごっこ」が始まります。

数百年の隔たりはあるものの、いつの世も支配・管理をする側とされる側の考えは、そう大きくは変わらないのです。

●芝居見物にかかった費用と時間●

江戸三座《さんざ》の一つである「中村座」の様子は、江戸東京博物館で原寸のレプリカを観ることができます。また、香川県仲多度《なかたど》郡琴平《ことひら》町にある「金丸座《かなまるざ》」（金毘羅大芝居《こんぴらおおしばい》）は天保七年（一八三六）に完成した劇場ながら現役で、今でも年に一回、四月に歌舞伎公演を行い、当時の気分を味わうことができます。

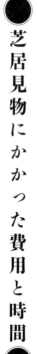

江戸時代、芝居を見物するためには、どの程度の費用と時間がかかったのでしょうか。現在の歌舞伎座を例に採ると、昼の部の開演が十一時、夜の部が四時半で、上演時間はそれぞれ四時間ほどです。料金は、桟敷《さじき》席二万円、一等席一万八千円、二等席一万四千円、三階席が六千円と四千円に分かれています（二〇一七年十一月現在）。

江戸時代は時期によって貨幣価値が変動し、「一両」に相当する金額が現在の六万円程度から十万円と、ずいぶん開きがありました。仮に、一両を八万円として計算してみましょう。現在の一等席にあたる一階の中央ブロックは、すべて相撲の桟敷席のようになっており、「升《ます》」で区切られ、四人が座れるようになっていました。この料金が一人約五万円。その後ろにある「平土間《ひらどま》」という席が約三万五千円。一番安い「切り落とし」という立ち見のような席は、三千円程度で観られたようです。

開演は「明け六つ」と決められていました。現在の時刻に直すと、朝の六時頃から最初の芝居が始まることになります。明け方から「一番太鼓」が打たれ、気の早い人々は劇場の木戸（入口）が開くのを待っていました。この時間帯は有名な役者が出演するわけではなく、若手や階級の低い役者による場面が上演されることが多かったようです。終演は「日没まで」と決められていましたが、季節によって大きく変わります。夏なら夕方六時近くまでは上演できたでしょうが、冬場は四時を過ぎるともう辺りは暗くなり始めます。夜間の公演が禁止されていたのは、現代のように人工照明がなく、「蠟燭《ろうそく》」などの直火を使うことになるため、火事の危険が高かったのと、遅くまで公演をしていると、帰りが遅くなり、治安の問題も生じたからです。どこから劇場に行くかにもよりますが、ほとんどが徒歩で移動する時代のこと、場所によっては開演の二時間前、まだ夜が明け切らないうちに家を出て、劇場へ向かうことになります。劇場へ着いて、最初から芝居を観ていると、夏場は約十二時間、

観客がどのようにして芝居を見物していたのかがよくわかる（『中村座内外之図』）。

冬場でも十時間ほどを劇場で過ごすことになったでしょう。芝居を観ることは、現代の感覚で言うと、朝から一日がかりで行楽に出掛けるような感じです。

これだけ長い時間を劇場で過ごすとなると、当然お腹も空きます。芝居と芝居の間の休憩時間を「幕間《まくあい》」と呼びます。今は食事に充てられる一番長いものでも三十分程度ですが、当時は一時間以上と、ゆったりのんびりしていました。平土間席には「幕」と「幕」の合い間に食べる「幕の内弁当」などのお弁当が届けられますが、最も値段の高い桟敷席の観客は、切符を手配してくれ、劇場に隣接して建っていた「芝居茶屋」に引き上げます。そこで座敷に用意された豪華な料理を味わい、場合によっては、女性は着物を着替えて次の幕が開くのを待ちます。この芝居茶屋での飲食やご祝儀などは別料金ですから、相当な金額になるでしょう。贔屓筋の有力者には、この間に役者が座敷まで挨拶に来たりすることもありました。当然、役者にもご祝儀を出しますから、四人が桟敷席で芝居を見物した場合、総額は軽く五十万円を超えたのではないでしょうか。格安旅行会社のツアーなら、ヨーロッパにも行ける金額です。

もっとも、こうした優雅な「観劇タイム」を過ごせるのはごく一部のお金持ちで、「切り落とし」にいる庶民の芝居好きには、このようなことはできません。その代わり、劇場内での飲食は、上演中でも咎《とが》められることはなく、それぞれに歌舞伎を楽しんでいました。場合によっては「出方《でかた》」と呼ばれる劇場で細かな用事を足す人々に出前を頼むこともできましたし、今では考えられないことですが、劇場内での喫煙も可能で、そのために「煙草盆《たばこぼん》」が貸し出されていました。

現代のように毎月歌舞伎の公演があるわけではなく、一年に四回から五回というペースでの公演だったからこそ、費用も時間もたっぷりかけて一日を芝居に費やす楽しみもあったのでしょう。現代人の感覚で江戸時代の芝居見物を考えると、信じ難い想いもありますが、江戸時代のゆったりとした時の流れの中では、これが人々のペースに合っていたのでしょう。

●「能楽師」と「歌舞伎役者」の違い●

「能楽師《のうがくし》」と書きましたが、「能役者」という呼び方もあります。どちらも「能」を演じる役者であることに変わりはありません。「能」は武士の公式な芸能（「式楽《しきがく》」と言います）として、その庇護《ひご》のもとで江戸時代を過ごした代わりに、明治維新を迎えて武士そのものがいなくなると、芸能としての「能」は苦境に立たされました。一方、歌舞伎は発生以来一貫して庶民を対象とした芸能でしたから、役者個々の変化はあったでしょうが、存在そのものに関わる庇護者を失う危機は免れることができました。

その代わりに、幕府からの弾圧は何度も受けています。

「能」は演目の登場人物が少なく、その一部分を「謡《うたい》」「仕舞い」などとして自らが披露することができたのも、武士に好まれた一因でしょう。織田信長が好んだと言われている「人間五十年、下天のうちをくらぶれば、夢まぼろしの如くなり」も能の仲間である「幸若舞《こうわかまい》」の『敦盛《あつもり》』の一節です。また、豊臣秀吉も自ら能を作るほどに凝ったと言われています（秀吉が作った作品群を「豊公能《ほうこうのう》」と言います）。こうした演目を、武士へ教える立場にいるわけですから、「師匠」や「先生」を意味する「師」という言葉が職業の下に付いてもおかしくはありません。

一方の歌舞伎は、舞踊《ぶよう》などを除くと少ない人数では上演が不可能なこと、歌舞伎独特の存在である「女形《おんながた》」が必要なこと、幼少時から音曲《おんぎょく》や舞踊の嗜《たしな》みがないと難しいこと、などの要素から、地芝《じしば》居《い》などの素人芝居を除いては気軽に披露することができませんでした。

「能楽師」と「歌舞伎役者」の大きな違いは二つに分けられます。自らが演じる演目を人に教えることができるかどうか、そして、スポンサーが武士か庶民か。この差が、芸能としての質を分けたばかりではなく、演じる側の身分にも反映されました。能楽師は、場合によっては大名のお抱えとして専属で稽古を付け、能を演じて見せることで生計を立てることもできました。当然、身分は庶民よりも高く、武士か武士に準じた身分に置かれました。観客も武士あるいはそれに準じる人々でしたから、身分の高い人々のクローズド・サークルの中で行われる芸能、という考え方ができるかもしれません。

歌舞伎役者は、武士に対してそうした形での披露が当然できませんでした。歌舞伎役者の身分は、あくまで「士農工商」の外側に置かれた「賤民《せんみん》」であり、「河原乞食《かわらこじき》」などと蔑《さげす》まれ、常に弾圧される立場にあったからです。しかも、武士身分の者が「悪所《あくしょ》」と呼ばれた芝居小屋へ立ち入ることは、建前上は禁止されていました（身分を隠して観劇に行く武士の妻女は多かったようです）。これは為政者側から歌舞伎を見た場合ですが、庶民には関係のないことです。自分たちに娯楽を提供してくれる歌舞伎の人気役者たちは痛快なヒーローであり、羨望《せんぼう》の対象でした。また、「千両役者」などの大金を稼ぐ人気役者は、江戸や大坂で商売を始める者や、商家を営む町人の権利を買う者（いわゆる「店持《たなもち》」）もいました。

さらに歌舞伎に関しては、あくまでも真似の域は出ないものの、人気役者の当たり役の一部分を聞かせてご祝儀をもらう「声色屋《こわいろや》」という職業が、花街《はなまち》を中心に発達しました。素人でも、芝居好きな人は風呂屋や

庶民のヒーローたち。

酒の席で、贔屓《ひいき》の役者の声色を披露する機会もしばしばあり、鼻歌のようなものだったのでしょうか。こうした気軽な部分が、庶民の芸能として愛された理由の一つでもあったのでしょう。昭和の半ばまでは、三島由紀夫《みしまゆきお》、久保田万太郎《くぼたまんたろう》、川口松太郎《かわぐちまつたろう》、有吉佐和子《ありよしさわこ》など当時の人気作家によって歌舞伎の一場面が演じられる「文士劇《ぶんしげき》」が行われていたことも、その流れと言えるでしょう。

「死絵」という美学

著名な芸能人が亡くなると、テレビで追悼番組が放送されることがあります。代表作や人気作の名場面、あるいは過去のインタビューなどを放送したり、故人を知る人々のエピソードでまとめたりするのが一般的です。

江戸時代後期から明治時代半ばにかけて、人気役者が亡くなると、「死絵《しにえ》」と呼ばれる浮世絵が出板されました。命日や享年、戒名、墓所、生前の当たり役など、故人の業績に加え、「辞世」があればその句や歌を記し、死後の姿を描いた一枚絵が基本の形です。

今のように情報手段が発達していない時代とはいえ、亡くなった人の姿を時には戯画化してまでも残す感覚は、日本人の葬送儀礼や文化を考える上でも注目に値します。美術としての浮世絵、演劇としての歌舞伎以外に、死生観を含んだ民俗学の範囲にまで考察を広げることが可能になるからです。地方へ行くと、地域に貢献した人の胸像や銅像を見かけることがありますが、死絵はそうしたものとは違い、役者の死後の姿を庶民が手元に置くことになり、物理的にも感情的にも故人との距離が圧倒的に近くなります。ここに、死絵に託した江戸人の美学、あるいは死生観が垣間見えるような気がします。

死絵が作られたのはほとんどが歌舞伎役者で、次いで義太夫《ぎだゆう》の太夫《たゆう》、戯作者《げさくしゃ》、浮世絵師の順番です。いずれも、歌舞伎という芸能の中、あるいは周辺に生きる人々でした。刷られる枚数の多さは、顔が世間に売れているかどうかを基準に考えれば妥当でしょう。将軍や偉い政治家が歿しても、当然こうした物は出されません。人気役者の面影を、浮世絵を通して偲びたいという繊細な感性を江戸庶民が持っていたことになります。同時代の西欧では、「絵画を個人的に所有する」ことは、貴族かよほど裕福な人々のする道楽でしたが、浮世絵は現在の価格で四百円程度

八世市川團十郎の死絵。右側には「嘉永七甲寅年八月六日　猿白院成清日田信士　行年三十二才」と記されている。

から買えましたので、庶民が気軽に手にすることができたのです。

現在確認できる最古の死絵は、安永六年（一七七七）に亡くなった二世市川八百蔵《いちかわやおぞう》のものとされています。最も有名な死絵は、旅先の大坂で、嘉永七年（一八五四）に三十歳の若さで自ら命を絶った八世市川團十郎のものでしょう。その数は、なんと二百種類を超えたとされますから、人気のほどがわかります。なお、演劇研究の上では、團十郎の自殺の原因も場所も諸説があり、確定されてはいません。

美貌の人気役者で、しかも絶頂期の突然の死、という要素を備えていれば死絵の数が増えるのは当然ですが、二百を超えるというのは尋常ではありません。江戸の、あるいは上方《かみがた》の人々がどれほど團十郎の死を悼んだかがよくわかります。商売として考えれば、死絵はほかの役者絵とは違って、商いの期間が短くなります。競争相手が増えてくると、いかに人々の眼を惹きつけるかに重点が移り、故人を茶化したり、漫画風にして奇を衒《てら》った構図のものが出ました。遅くとも歿後四十九日あたりまでが勝負で、早く出板し、早く売り切るために、時として本来の死絵の枠を超えたものも出されたのでしょう。

一つの立派な文化とも言える死絵は、明治期の「絵葉書」や「写真」の登場で衰退し、やがてはブロマイドにその座を取って代わられることになります。最後の死絵は、昭和十年（一九三五）に七十四歳で亡くなった大阪の大立者《おおたてもの》、初世中村鴈治郎《なかむらがんじろう》のものとされており、年代的に見ても、このあたりが最終期と考えて間違いないでしょう。

私の知る限り、平成に入ってから亡くなった役者で、自ら「死絵を出しておくれ」と言っていた役者が一人います。昭和六年（一九三一）に歌舞伎の大部屋役者たちが歌舞伎の封建制に反発して作った劇団「前進座《ぜんしんざ》」の創立メンバーの一人で、のちに前進座の立女形《たておやま》として活躍した五世河原崎國太郎《かわらさきくにたろう》（一九〇九〜九〇）です。前進座の立女形として六十年近くにわたって前進座の歌舞伎を率いてきた、該博《がいはく》で古風な女形は、自らの最期を死絵にして欲しいと幾人かに漏らしていました。私もそれを聞いた一人で、江戸期の浮世絵を参考に、なんの役のどういった図柄にするか、何を書き添えるかを本人と話し合ったことがあります。

しかし、実際に死を迎えるとそれどころではなくなり、通常の葬送儀礼によって送られ、約していた死絵のことを私が思い出せたのは歿後数年を経てからのことでした。

●『東海道四谷怪談』で鶴屋南北が描きたかった真実●

歌舞伎の演目中で怪談の代表作と言えば、四世鶴屋南北《つるやなんぼく》（一七五五〜一八二九）が書いた『東海道四谷怪談《とうかいどうよつやかいだん》』を挙げることができます。鶴屋南北は遅咲きでも知られ、初めて自分が中心の「立作者《たてさくしゃ》」として歌舞伎を書いたのは五十歳の時のことです。この『東海道四谷怪談』は、亡くなる四年前、七十歳の時の作品でした。元禄時代に実際に起きた事件をもとに、庶民の「悪」と「したたかさ」を描いた芝居は、初演から二百年近くの歳月を経た今もなお、さまざまな形の演出で上演されています。

この作品は、歌舞伎の名作『仮名手本忠臣蔵《かなでほんちゅうしんぐら》』と関係が深く、主な登場人物は「忠臣蔵」に関わる人々です。悪の見本とも言える民谷伊右衛門《たみやいえもん》も、お岩《いわ》の妹であるお袖《そで》の夫の佐藤与茂七《さとうよもしち》も塩冶《えんや》の浪人です。また、伊右衛門に惚れたお梅《うめ》という娘の祖父の伊藤喜兵衛《いとうきへえ》は高師直《こうのもろなお》の家来という設定で、「忠臣蔵」を表だとすれば、裏で蠢《うごめ》く人々の姿を描いています。初演の折には、その関係性を観客へ知らせるために『仮名手本忠臣蔵』と『東海道四谷怪談』を一幕ずつ交互に上演し、一日では上演しきれず二日に分けたというエピソードが、二つの作品の関係の深さを物語っています。

しかし、果たして南北が描きたかったのはそれだけでしょうか。主君の刃傷《にんじょう》沙汰《ざた》で浪人したとはいえ、生まれたばかりの赤ん坊にもらった産着《うぶぎ》や蚊帳《かや》までをも売り払い、今一度日の目を見ることを切望していた民谷伊右衛門は、自らの出世のために女房を捨て、敵方の家臣の孫娘と祝言《しゅうげん》を挙げようとします。砂村隠亡堀《すなむらおんぼうぼり》（現在の東京都江東区南砂近辺）で「首が飛んでも動いて見せるわ」とうそぶく伊右衛門のしたたかな生き方は、最後に破綻を来たしますが、これをただ「勧善懲悪《かんぜんちょうあく》の芝居」の観点だけで観ても面白くありません。時代は文化・文政、江戸時代後期の化政文化が花開いた時期です。よく「庶民のエネルギーが爛熟《らんじゅく》した」と表現されますが、富裕層ばかりが生活していたわけではありません。文化が爛熟しようが退廃しようが、日々を暮らすのが精一杯で、わずかなきっかけでも手にして、出世を夢見る人々のほうが圧倒的に多いのは江戸時代も現代も同じです。

そうした社会の底辺で喘《あえ》ぐ人々の代表が民谷伊右衛門であり、

お岩の亡霊を演じる三世尾上菊五郎。

現代風に言えば「悪いのは自分じゃない、時代なんだ」と叫ばせているのが『東海道四谷怪談』のテーマの一つだとも考えられます。だからこそ、昭和の中頃に「新劇《しんげき》」の分野で、新たな解釈のもとで『東海道四谷怪談』が演じられたのです。この作品の底流を流れているテーマが、充分に当時の世相に通用すると考えられたからでしょう。

この作品に施された表面の仕掛けだけに目を奪われると、四世鶴屋南北の巧妙な目くらましに翻弄されてしまいます。いつの時代も、庶民は意外にしたたかで、逞《たくま》しく生き抜く力を持っています。「生き馬の目を抜く」とはよく言ったもので、そうしなければ、明日の暮らしが覚束ないのです。南北が凝らした趣向の数々が「怪談劇」として優れていることは言うまでもありませんが、ほぼ同じ密度で時代を映す人間ドラマが丁寧に描かれている名作だと言えるでしょう。だからこそ、繰り返し上演されて今に至っているのです。

●「歌舞伎の危機」を救った遠山の金さんの粋な計らい●

テレビの時代劇でお馴染みの名奉行「遠山《とおやま》の金《きん》さん（一七九三〜一八五五）」。通称が金四郎《きんしろう》なので「金さん」ですが、諱《いみな》（生前の実名）は景元《かげもと》と言います。また、官職が左衛門尉《さえもんのじょう》だったので、当時の史料には「遠山左衛門尉」と記されていることが多いです。江戸北町奉行としての表の顔と、裏の顔である「遊び人の金さん」を使い分け、悪を挫《くじ》く姿は視聴者にカタルシスを与え、多くの俳優が演じた人気ドラマとなりました。史実の「遠山の金さん」にも、実際に刺青があったと言われていますが、テレビのように派手なものではなく、図柄も諸説あって定かではありません。

歌舞伎以外の多くの芸能、特に講談《こうだん》や落語などでは、「遠山政談《せいだん》」として、享保期（一七一六～三六）に活躍した江戸南町奉行の大岡越前守《おおおかえちぜんのかみ》のような名裁きの数々が残されています。しかし、後世の創作によるものがほとんどであることは言うまでもありません。ただ、「遠山の金さん」が実際に歌舞伎史に残した大きな功績があります。江戸時代に何度かあったうちの「歌舞伎滅亡の危機」の一度は、「遠山の金さん」の機転によって救われたと言ってもいいでしょう。

天保十二年（一八四一）から、老中の水野忠邦《みずのただくに》（一七九四～一八五一）による「天保の改革」が開始され、華美《かび》・贅沢《ぜいたく》の禁止や、質素倹約《しっそけんやく》が徹底されました。当然、「贅沢の禁止」は娯楽にも及び、天保十二年十一月に、水野は「悪所《あくしょ》」である芝居小屋を廃止しようとします。しかし、遠山はこれに反対。当時は江戸城下から近い、現在の東京都中央区日本橋人形町近辺にまとまっていた芝居小屋を、江戸城の外堀の外側にある辺鄙《へんぴ》な浅草猿若《さるわか》町へ移転させることを提案し、水野に認めさせたのです。

この遠山の判断に感謝した歌舞伎関係者が、感謝を込めて「遠山の金さん物」を上演したことで、遠山は一躍庶民のヒーローとなりました。これは、強硬に改革を推し進める「悪役」の水野忠邦という対立軸がいてこそ成立する話です。水野の評判は至るところで芳《かんば》しくなかったようですが、庶民をただ締めつけるだけではなく、「ガス抜き」の場も必要だという遠山の庶民感覚こそが「遠山の金さん」像を生み出したと言ってもよいでしょう。

現代でも庶民感覚を云々される政治家は多いですが、政治家が芸能を保護する時代ではありません。少なくとも、昭和の戦前までは分野を問わずに芸術家にはスポンサーやパトロンが存在し、ステータス・シンボルの一つとしてこれから世に出る芸術家の面倒を見ることが特殊な行為ではありませんでした。今後、もし歌舞伎が危機を迎えた時に、救いの手を差し伸べてくれるほど芸能や日本の伝統文化に造詣の深い篤志家《とくしか》が現れるのでしょうか？

『敵討護持院ヶ原』に登場する遠山金四郎。

名門は血縁だけで繋げられるわけではない

私たちが先祖を辿る場合、「江戸時代」まで遡《さかのぼ》ることができる家はどの位あるのでしょうか。一世代を三十年と考えると、五世代百五十年でようやく江戸時代の終わりに辿り着きます。「歌舞伎の名門」には相当な代数を重ねている家があり、最も古いのが、中村勘三郎《なかむらかんざぶろう》家の十八代です。初世中村勘三郎は、猿若座《さるわかざ》という劇場の持ち主でもあり、「猿若勘三郎」とも呼ばれており、慶長二年（一五九七）の生まれという説があります。平成二十四年（二〇一二）に亡くなった勘三郎が十八世。これに続くのが市村羽左衛門《いちむらうざえもん》家の「十七代」、片岡仁左衛門《かたおかにざえもん》家の「十五代」などですが、いずれも血縁だけで現在まで続いているわけではありません。跡継ぎの男子に恵まれなかった場合は、養子をとって自分の名を名乗らせたり、技量の優れた高弟にその名を譲ったりしています。

日本の歴史の中で、庶民（特に圧倒的な数がいた農民層）に「家」という感覚が定着したのは十六世紀中頃以降とされています。ちょうど、武田信玄《たけだしんげん》や上杉謙信《うえすぎけんしん》、毛利元就《もうりもとなり》らが活躍した頃でしょうか。庶民にも「家を守る」「家を継ぐ」という感覚が強くなってきたのです。歌舞伎役者が代数を重ねるようになったのは、このあとのことですが、中村勘三郎にしても市村羽左衛門にしても、歌舞伎役者としての技芸を見せるための「芸名」であり、本名として代数を重ねてきたわけではありません。武士の中には、「○代○田△左衛門」のように、親の名を継ぎ、改名をしながら代数を重ねる場合もありましたが、それとは意味合いが異なります。

江戸時代、武士ではない身分の人々（いわゆる「農工商」）が姓を持つのは大変なことでした。「苗字帯刀を許す」、つまり、刀を持ち、苗字を名乗ることが栄誉とされていた時代にあって、庶民よりも低い身分とされていた歌舞伎役者は、舞台の上でしか姓名を名乗ることができませんでした。それがそのまま通称名となることはありましたが、彼らが苗字を名乗ることができたのは明治三年（一八七〇）以降で、「農工商」と同じ「平民《へいみん》」として扱われるようになってからです。

中村勘三郎を例に考えてみましょう。本名は「波野《なみの》」で、この苗字を持つようになったのは、十七世中村勘三郎の父である三世中村歌六《かろく》（一八四九〜一九一九）からです。十七世の父が三世中村歌六という名であることからもわかるように、十六世と十七世に血縁関係はありません。十六世中村勘三郎は生歿年不詳の女性で、実際にこの名で舞台を踏んだわけではなく、名跡《みょうせき》を預かっていたために「十六世」と数えられているというのが事実のようです。このような事例は「名門」として代数を重ねているほかの家でも多かれ少なかれありました。

乳幼児の死亡率が非常に高く、二十歳より前に亡くなる人の確率も高かった江戸時代は、血縁関係よりも「家」を繋いでいくことに重きを置いていた時代でした。現代では、男女平等の観点から「夫婦別姓を認めよ」という運動も起こりましたし、苗字自体についてあまり深く考えることは少なくなりました。「家」についても、精神的な支柱としての「家制度」は、もはや崩壊しているとも考えられます。しかし、江戸時代の歌舞伎役者は、やっと手に入れることができた名跡だからこそ、役者としての名を残し、代数を重ねることに重きを置いたのかもしれません。人気役者が華々しく「襲名披露」を行うのは、その名残がどこかにあるのではないでしょうか。

歌舞伎はどんな人々が書いていたのか

歌舞伎の作品を残した人はたくさんいますが、歴史の教科書にも名前が出てくる人物は何人いるでしょうか。山川出版社の高校教科書『詳説日本史』には、「近松門左衛門《ちかまつもんざえもん》」「鶴屋南北《つるやなんぼく》」「河竹黙阿弥《かわたけもくあみ》」の三人が載っています。江戸時代には「劇作家」という言葉はなく、「狂言作者《きょうげんさくしゃ》」と呼ばれていました。「狂言」とは「能・狂言」の「狂言」ではなく、広い意味で歌舞伎の演目を指し、「演目の作者」という意味で使われていた言葉です。「著作権」の概念もなく、手軽に出版ができる時代ではない中で、歌舞伎の台本（脚本）は、誰がどのようにして書いていたのでしょうか。

歌舞伎も人形浄瑠璃《にんぎょうじょうるり》も共に、当初は文化が円熟を迎えていた京都・大坂で発達しました。そのため、歌舞伎史に名を残す狂言作者の多くは関西出身です。並木正三《なみきしょうざ》は三世まで名が受け継がれましたが、初世の並木正三（一七三〇〜七三）は同じ狂言作者の並木宗輔《そうすけ》の弟子となり、生涯に約九十編の歌舞伎の脚本を書いています。その作品の中には新しい演出や舞台機構も含まれており、廻り舞台など、今に伝わるものも残っています。

芝居小屋には、狂言作者や見習いが溜まっている「作者部屋」がありました。これは、今も「文芸演出部」などと名を変えて名残を見せています。そこには、武士の次男や三男で家督《かとく》を継ぐことができず、さりとて行くあてもない芝居好きの若者もいました。こうした人々は、幼い頃から「四書五経《ししょごぎょう》」などを学んでいたために中国の古典漢籍を中心とした文学に対する素養があり、読み書きにも長《た》けていたことから、歌舞伎のストーリーや趣向を考えるための知恵袋やアドバイザーの役目も果たしました。中には、大っぴらに身分を明かすことのできない人もいたでしょうが、近松門左衛門（一六五三〜一七二四）は、越前吉江《よしえ》藩に仕えていた杉森信義《すぎもりのぶよし》という武士の次男だったことが判明しています。

歌舞伎には上演に長時間を要するものが多いため、すべてを一人の作者が書いていたわけではありません。歌舞伎の三大名作と言われている『菅原伝授手習鑑《すがわらでんじゅてならいかがみ》』、『義経《よしつね》千本櫻《せんぼんざくら》』、『仮名手本忠臣蔵《かなでほんちゅうしんぐら》』は、竹田出雲《たけだいずも》・三好松洛《みよししょうらく》・並木千柳《なみきせんりゅう》のトリオが三年連続で発表したもので、いずれも大ヒットとなり今に残る作品です。ただ、誰がどの部分を分担して書いたのかは、はっきりと確定されていません。また、中心となる「立作者《たてさくしゃ》」の下に「スケ」と呼ばれる助手の役割を担う作者がおり、全編のうちの一幕か二幕を任せられることも多かったようです。江戸時代後期に、したたかに生きる庶民の姿を力強く描き、『東海道四谷怪談《とうかいどうよつやかいだん》』などで有名な四世鶴屋南北（一七五五～一八二九）も「スケ」の時代が長く、初めて「立作者」として一本の芝居を任されたのは四十九歳と、遅咲きでした。しかし、それ以降、作者部屋で蓄えたものを一気に発散するかのように名作を次々に発表していくのです。

現代の私たちが置かれている環境との大きな違いは、「誰もが読み書きのできる時代ではなかった」こと、「著作権や肖像権などの権利に関する感覚がなかった」ことです。前者はともかく、後者については、当時は「著作権」という概念がなかったために、前に誰かが書いた作品の

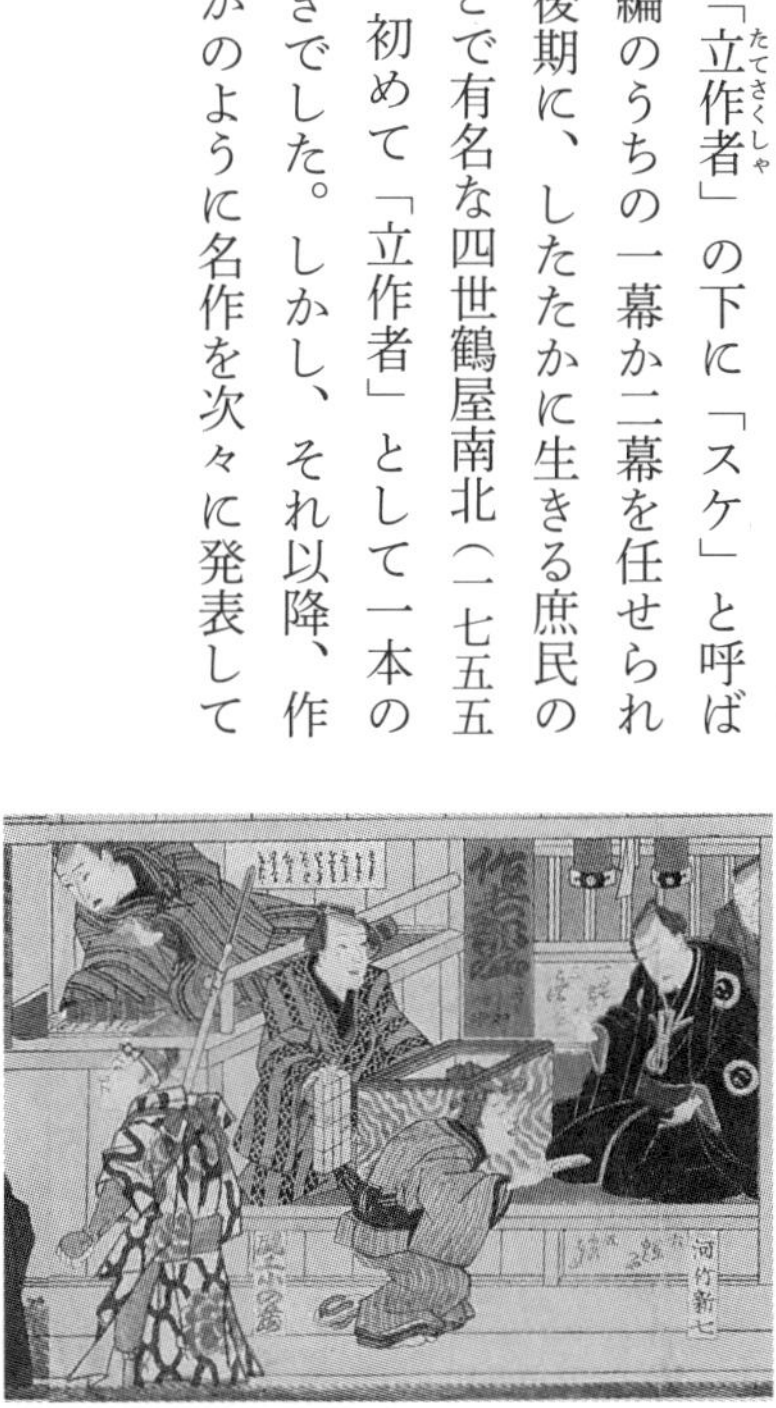

作者部屋の様子（『俳優楽屋双六』より）。

中から、評判の良かった場面をいただいて自分の作品の中に活かしてしまうということが、作者の腕の見せ所でもありました。現在であれば「盗作」「剽窃《ひょうせつ》」として大変な騒ぎになりますが、歌舞伎ではこうした作品を「改作《かいさく》」と呼び、時には原作よりも高く評価されている作品もあったのです。

●明治時代●

新しい時代の波を受けて

西欧からの新思想の荒波

「明治」が激動の時代だったことは、多くの歴史的事実が物語っています。「文明開化」の言葉に象徴されるように、人々の生活は科学的な側面で飛躍的に便利になりました。同時に、眼には見えない「思想」も、江戸時代とは全く違うものが流入し、人々は大きな荒波の洗礼を受けました。歌舞伎が最も困ったのは、「今までのような『荒唐無稽《こうとうむけい》』はいけない。これからは何事も事実に即して演じるように」、あるいは「歌舞伎には適当な辻褄《つじつま》合わせが多い。そういうものは排除し、人間の心理をキチンと描くように」といった、のちの「演劇改良運動」に繋がる考え方でした。

確かに、架空の出来事が多い「芝居」にもリアリズムは必要です。しかし、観客は贔屓にしている二枚目の役者や女形《おんながた》の美しさを観たいのです。貧しい境遇に喘《あえ》ぐ男という設定通りに、髪はぼさぼさ、髭《ひげ》がぼうぼうで顔が真っ黒では、観客の興《きょう》を削いでしまうでしょう。矛盾はあるのですが、昔から「そこが芝居」という言葉があるように、創る側も観る側もわかっていることです。すべてを実生活そのままに見せたのでは、お金を払い、時間をかけて劇場へ足を運ぶ意味がなくなります。その対価として、数時間の「夢」を見せるのが、芝居の役割の一つなのです。

歌舞伎の舞台では、主要な人物同士がばったりと道で行き会い、「おぉ、これはちょうど良きところで」などという場面が多々あります。「リアリティ」の観点からは無理がありますが、そのようなことばかりを気にしていては、芝居が成立しません。まさに「そこが芝居」なのですが、強力に欧化主義へと舵を切った明治という時代にあっては、時代の要請を舞台に反映せざるを得ませんでした。急激な変化が歌舞伎にも求められたのです。

明治二十年代になると、舞台は実生活を写したものであるべきだ、という意味から「写実《しゃじつ》」という言葉が使われるようになりました。時代が大きく変わる時には、賛成・反対それぞれの力が働きますが、歌舞伎役者の中で明治時代の新しい波に進んで乗ろうとした一人が、のちに「劇聖《げきせい》」と呼ばれる九世市川團十郎(一八三八〜一九〇三)です。その試みのすべてが評価されたわけではありませんが、現在の歌舞伎の中に流れている演技のリアリズムに対

「劇聖」と呼ばれた九世市川團十郎。

する考え方の根底を創ったのは、九世團十郎の最も大きな仕事と言えるかもしれません。さまざまな演目の演出や、役者の演技の「型」に、その名残が感じられます。ここで個々の演目について詳しく触れることはしませんが、時代の転換点に立たされた歌舞伎界のトップが取った行動が、一つの新しい伝統となって百三十年間余りにわたって受け継がれているのも歌舞伎の一つの姿と言えるでしょう。

三世澤村田之助の「伝説」

最近はほとんど聞かなくなりましたが、「脱疽《だっそ》」という病気があります。身体の一部が細菌に侵され、腐敗する病気で、「壊死《えし》」の一部である「壊疽《えそ》」の状態です。衛生管理が行き届き、抗生物質や抗菌剤などの薬剤が発達したおかげで、この病気で命を落とす例は少なくなりましたが、世界的にはまだ絶滅したとは言えません。

明治時代に「美貌《びぼう》の女形《おんながた》」として一世を風靡《ふうび》した三世澤村田之助《さわむらたのすけ》（一八四五～七八）は、この病気で命を落とす寸前まで、まさに「五体を切り刻んで」舞台に立ち続けました。歌舞伎の世界では「脱疽の田之助」の異名があり、悲劇の女形として多くの小説などでその生涯が描かれています。現在、病気療養中の二代目澤村藤十郎《とうじゅうろう》（一九四三～）は、田之助の生涯を描いた杉本苑子《すぎもとそのこ》（一九二五～

二〇一七）の短編小説『女形の歯』を舞台化し、自らが精力的に演じていました。また、幻想や耽美《たんび》文学に独自の世界を築いて評価の高い皆川博子《みながわひろこ》（一九二九〜）は、『花闇《はなやみ》』という作品で田之助を描いています。

田之助の結った髪型が「田之助髷《たのすけまげ》」、使った紅《べに》が「田之助紅」、履いた下駄が「田之助下駄」と名づけられ、若い女性に流行したことからも、人気のほどが伺えます。当時のファッション・リーダーとしての存在も併せ持っていたと言えるでしょう。その一方、短気で鼻っ柱の強い部分もあったようです。だからこそ、己が肉体を切り刻み、耐え難い激痛をこらえて舞台に立つ道を選んだのでしょう。また、そうした悲劇に果敢に立ち向かう田之助の姿がファンの気持ちを揺さぶったこともよくわかります。

田之助が最初の悲劇に見舞われたのは十七歳、守田《もりた》座の立女形《たておやま》になった翌年でした。最近は上演されていませんが、俗に『紅皿《べにざら》欠皿《かけざら》』と呼ばれる芝居で宙乗りをしている最中に落下し、その時

三世澤村田之助。役名は不詳だが、すでに右手の先が不自由のようだ。

の傷から脱疽になってしまいました。それから五年後の慶応三年（一八六七）には、横浜で左足の膝上までを切断する手術を行います。治療にあたったのは、ローマ字の「ヘボン式発音」で日本に名を残すことになるヘボン博士（一八一五〜一九一一）でした。

当時としてはかなり珍しい義足をアメリカから取り寄せ、不自由さを感じさせることなく舞台に立ち、その美貌と江戸っ子の男気に観客は沸きましたが、知らぬ間に病魔は田之助を蝕《むしば》んでいました。次々と症状が表れ、最後は両膝から下がなく、右の手首から先、左手のほとんどの指を喪います。にもかかわらず、その身体でも演じられるようにと、大道具の棟梁だった十四世長谷川勘兵衛《はせがわかんべえ》（一八四七〜一九二九）と工夫を凝らし、人気が衰えることはありませんでした。

当時の白粉《おしろい》には有毒な鉛《なまり》が含まれており、皮膚を通して身体に浸み込み、四肢《しし》の麻痺《まひ》を起こす「鉛《えん》毒《どく》」という病気に罹る役者が多くいました。明治から昭和初期にかけて歌舞伎界に君臨した女形の五世中村歌右衛門《なかむらうたえもん》（一八六六〜一九四〇）も四十代でこの病気に侵され、座ったままで演じられる役を工夫しています。田之助の病状の悪化にも、この「鉛毒」が関わっていたとの説があります。

子役時代から「天才」と称され、短気な一面を持ち、プライドが高かった田之助は、身体がどうなろうとも舞台に立つ意欲が人一倍強かったのでしょう。また、相次ぐ治療や手術にかかる莫大な経費を捻出する必要もあったと言われています。しかし、その気力も病気には勝てませんでした。明治五年（一八七二）には千秋楽《せんしゅうらく》を三日後に控えて舞台を休演、役者としてはこれが最後の舞台になりました。以後、当時はまだ存在していた芝居茶屋の経営に携わっていましたが、病状の悪化と共に精神的な疾患も加わり、明治十一年（一八七八）にその激しい生涯を閉じました。三十三歳の若さでした。

「荒唐無稽」から「高尚芸能」への変化

「歌舞伎は高尚《こうしょう》で敷居が高い」とは、よく聞こえてくる声です。確かに、昭和三十年代までは、歌舞伎座がお見合いの場に使われていたこともあり、「芝居見物＝ハレの場」という感覚が強かったのでしょう。しかし、歌舞伎は元来、それほどに敷居が高く、高尚なものではありません。「芝居」の語源に想いを致せば、すぐにわかる話です。特に、歌舞伎の中心地だった江戸では、「荒唐無稽《こうとうむけい》」な世界をいかにそれらしく見せるかに作者や役者は腐心をしたのです。それが、いつの間にか「高尚な古典芸能」へと祭り上げられてしまいました。

そこへ至るまでには、いくつかのきっかけがありますが、最初は明治二十年（一八八七）に時の外務大臣井上馨《いのうえかおる》邸で催された「天覧歌舞伎《てんらんかぶき》」で、明治天皇が歌舞伎をご覧になったことが挙げられるでしょう。明治に入り、歌舞伎の内容が荒唐無稽に過ぎるなどとの批判を受けていた時に「天覧歌舞伎」が催され、歌舞伎の地位が向上するきっかけとなったのです。

明治という「新時代」においては、江戸時代に流行った心中物《しんじゅうもの》や仇討物《あだうちもの》などではなく、歌舞伎は現実に即した演劇であるべきだ、との批判を受けました。その内容に政府が介入する事態が起き、明治十一年（一八七八）には内務卿《きょう》の伊藤博文《いとうひろぶみ》が、内務大丞《ないむだいじょう》の松田道之《まつだみちゆき》邸へ十二世守田勘彌《もりたかんや》や九世市川團十郎などを呼び、「演劇改良」の必要を説きました。政府は歌舞伎を高尚化する方針を打ち出したのです。「改良」という言葉が使われるほどに、それまでの歌舞伎は「悪い物」と捉えられていたわけですが、これは江戸時代、幕府にとって芝居小屋が「悪所《あくしょ》」だったことと同じ感覚でしょう。

明治二十一年（一八八八）には、鹿鳴館《ろくめいかん》で役者と有識者の交流を密にし、漸進的に演劇を改良することを目的として、依田学海《よだがっかい》、福地桜痴《ふくちおうち》、九世團十郎、五世尾上菊五郎《おのえきくごろう》らが中心となり、「演劇矯風《えんげききょうふう》会《かい》」が結成されました。しかし、こうした運動が長く続くことはありませんでした。明治二十二年（一八八九）十一月、東京の木挽町《こびきちょう》に初代の「歌舞伎座」が開場したのを機にして、それまで「かぶき」とひらがなで表記されていたものを「歌舞伎」という文字で定着させようとしたのも、高尚化を目指す意識の表れでしょう。

その一方で、明治十年代半ばに庶民の心をつかんだ「自由民権」運動は芝居の世界にも及び、明治二十四年（一八九一）に流行した川上音二郎《かわかみおとじろう》の「オッペケペー節《ぶし》」や壮士劇《そうしげき》（のちの「新派《しんぱ》」）などの後発芸能を生み出すことに繋がります。江戸時代の「弾圧」から解放された代わりに、新しい時代に応じた文化的な香りを求められ、それに応じる努力をした歌舞伎ですが、移り気な庶民は、ほかの気軽な芸能や新しく登場した海外の演劇にも目を向けるようになります。明治時代の末期に、江戸の香りを残していた名優が相次いで亡くなり、大正期には歌舞伎の人気を凌駕《りょうが》する芸能も登場して、歌舞伎は一時の人気を失います。こうした後発芸能の存在こそが、徐々に歌舞伎に「高尚芸能」のイメージを植え付ける要因の一つにもなったと考えられるのです。

●「江戸の匂い」を求めた河竹黙阿弥の最後の抵抗●

嘉永六年（一八五三）の「黒船来航《くろふねらいこう》」以降、幕府の権威は大きく揺らぎ始めました。そして、「明治維新」によって江戸っ子が「日本一偉い」と思っていた徳川将軍家は江戸城から去り、武士も制度上はなくなります。「丁髷《ちょんまげ》」は止めて頭を「散切《ざんぎ》り」にしろと言われます。身分制度がなくなり、なんでも「自由」「平等」と言われましたが、西洋のハイカラな文化や習慣に従うことには大きな戸惑いがあったでしょう。「飛脚」に手紙を言付《ことづ》けていたのが、「郵便切手」を貼った封書を「ポスト」に入れなくてはなりません。町には刀を差した「お侍」がいなくなり、いかめしい制服を着た「警官」が闊歩《かっぽ》して、難しいことを言います。

俗に言う「文明開化」の例をいくつか挙げましたが、この事態に直面した人々は、さぞや面食らったことでしょう。物の考え方と同時に、本人の印《しるし》である「外見」も同時に変えることは、大きなストレスにもなったはずです。この大きな波は、当然ながら歌舞伎の世界にも及びました。舞台でも、世間と同様のものを正確に演じろと、当時の「現代劇」として描かれたのが「散切物《ざんぎりもの》」と呼ばれる作品群です。登場人物は洋装で、男性の頭は丁髷ではなく、芝居の内容も当時の世相を反映しています。

『島鵆月白浪《しまちどりつきのしらなみ》』という作品があります。明治十四年（一八八一）に、二世河竹新七《かわたけしんしち》（一八一六〜九三）が六十六歳で引退する記念に書き、東京の新富座《しんとみざ》で上演された「散切物」の代表作です。泥棒（中国の故事にならい「白浪」と呼んでいました）を主人公にした芝居を得意にした作者らしく、主人公は泥棒ですが、「勧善懲悪《かんぜんちょうあく》」を全面的に強調し、江戸時代の歌舞伎の描き方とは違い、全五幕のすべてを単独で書き下ろし、「こうもり傘」「郵便」「ボーイ」「銀行」「警察官」「ガス灯」「ダイヤモンド」「月給」など、当時の庶民が初めて聞くような言葉もセリフの中に登場させています。しかし、新しい時代を歓迎しつつも戸惑い、かつての江戸の名残を舞台に見出そうとする観客の評判は、あまり良いものではありませんでした。

新七は、この作品を最後に「河竹黙阿弥《もくあみ》」と改名しました。残された手記には「復帰するようなことがあれば、元のもくあみになってしまう」という意味の言葉が記されています。しかし、引退後に優れた後継者が育たなかったこともあり、「立作者《たてさくしゃ》」ではなく、助手の「スケ」として筆を執ります。黙阿弥と号して以降の明治十六年（一八八三）には『魚屋宗五郎《さかなやそうごろう》』の題名で今も人気の『新皿屋敷月雨暈《しんさらやしきつきのあまがさ》』、十八年（一八八五）には江戸時代の伝馬《てんま》町牢屋敷《ちょうろうやしき》の場面が話題になった『四千両小判梅葉《しせんりょうこばんうめのは》』、十九年（一八八六）には『盲長屋梅加賀鳶《めくらながやうめがかがとび》』など、江戸庶民の様子を活写した作品を次々に発表します。

明治二十五年（一八九二）、喜寿《きじゅ》を迎えて本格的に劇界を引退、その翌年に七十八歳の生涯を閉じました。最初の引退から十年以上の間に、黙阿弥は、かつての江戸の匂いを残した名作を次々に発表し、能や狂言に題材を採った舞踊『釣女《つりおんな》』、『船弁慶《ふなべんけい》』、『紅葉狩《もみじがり》』など精力的な仕事ぶりを見せました。そればかりではなく、明治十九年（一八八六）には当時世間を賑わせていたチャ

改名後の河竹黙阿弥。

リネのサーカスを歌舞伎にした『鳴響茶利音曲馬《なりひびくちゃりねのきょくば》』、明治二十四年（一八九一）には曲芸師スペンサーの軽気球《けいききゅう》を当て込んだ洋風の舞踊劇『風船乗評判高閣《ふうせんのりうわさのたかどの》』などの作品も残しています。

「黙阿弥」と改名して以降の作品の数々には、新しい時代にも対応したものや、歌舞伎界の新しい動きに応じた舞踊も書けるというエネルギーの爆発のようなものも感じられます。しかし、現在もなお上演が繰り返されている黙阿弥の作品は、やはり江戸の人々を描いた作品や、能や狂言を題材にした舞踊など、昔ながらの江戸の匂いを残す作品ばかりです。生涯に三百六十の作品を残し、坪内逍遥《つぼうちしょうよう》（一八五九〜一九三五）に「江戸歌舞伎の大問屋」と評された黙阿弥の本領は、やはり「江戸を描く」ことにあったようです。

●新しい劇作家の登場●

別項でも述べたように、明治維新の荒波は、当時の日本人の生活分野に大きな影響や変革を与えました。その中で、「文学」や「芸術」も西欧からの新しい思想を受け、今までとは違う新しい考えに立った作品が生まれました。高校の日本史教科書にも「言文一致運動《げんぶんいっちうんどう》」という用語が記されていますが、坪内逍遥《つぼうちしょうよう》（一八五九〜一九三五）や二葉亭四迷《ふたばていしめい》（一八六四〜一九〇九）などを中心とした新しい文学運動が起きました。「言文一致」とは、「言おうとしている内容（話し言葉）と文章に記される内容（書き言葉）を一致させる」ことです。江戸時代の文書を読むと、文章の終わりには「〜候《そうろう》」などと書いてありますが、もちろん「候」を入れて話していたわけではありません。文章と言葉の差を限りなく近づけて一緒にしようというのが「言文一致運動」なのです。

その中心的人物でもあった坪内逍遥は、演劇人としても活躍をしました。最大の功績として知られているのは、日本で初めてシェイクスピアの戯曲《ぎきょく》を全訳したことでしょう。江戸時代末期から明治・大正・昭和と四つの時代を生き抜いた七十五年の生涯の中で、日本の演劇史に残した役割は大きく、その一部は現在も息づき、舞台で上演されています。早稲田大学の教員として演劇学の講義を行う傍《かたわ》ら、自らも劇作家として、『桐一葉《きりひとは》』や『沓手鳥孤城落月《ほととぎすこじょうのらくげつ》』など、現代の歌舞伎のレパートリーにも残る歴史劇を

晩年の坪内逍遥。

執筆しました。また、シェイクスピアの『ジュリアス・シーザー』を翻案《ほんあん》し、『自由太刀余波鋭鋒《じゆうのたちなごりのきれあじ》』として発表しています。

こうした流れを受けて、西欧思想から得た新しい考えを戯曲にする「劇作家」が次々に登場し、時代の移り変わりを観客に見せました。岡本綺堂《おかもときどう》（一八七二〜一九三九）が書いた『修禅寺物語《しゅぜんじものがたり》』、『鳥辺山心中《とりべやましんじゅう》』、『番町皿屋敷《ばんちょうさらやしき》』などの名作は、今も頻繁に上演されています。それは、登場人物の考えや物の言い方が、近代的な思想、「自我」や「芸術至上主義」などに裏づけられているからです。明治以降に創られた歌舞伎作品を、演劇史では「新歌舞伎」と呼んでいますが、進歩的で新しい考えを持った歌舞伎役者によって上演され、それを観客が受け入れた結果、今も残るレパートリーになりました。

ほかにも、真山青果《まやませいか》（一八七八〜一九四八）が実録に基づいた丹念な資料調査の結果、七年間の歳月をかけて全十篇の芝居にした『元禄忠臣蔵《げんろくちゅうしんぐら》』は、古典歌舞伎の『仮名手本忠臣蔵《かなでほんちゅうしんぐら》』と好一対の対照をなし、今でも『御浜御殿綱豊卿《おはまごてんつなとよきょう》』や『大石最後の一日《おおいしさいごのいちにち》』、『南部坂雪の別《なんぶざかゆきのわか》れ』などは頻繁に上演されています。

こうした作品群の特徴の一つは、登場人物のセリフが「近代的リアリズム」に基づいていることです。その感情や情愛が、観客の心に響いたのでしょう。「江戸」がだんだん遠くなり、世間の状況も変わる中で、時代の動きを捉え、よりリアルな形で劇化する「劇作家」が登場したことは、明治時代の歌舞伎における大きなトピックスの一つと言えます。この感覚の切り替えができたからこそ、明治の次の世代、大正、昭和、そして平成へと繋がる「新歌舞伎」のジャンルに豊富な作品が提供され、今でも観客の心を打つ芸能として歌舞伎が生き残ったのでしょう。

●明治天皇が歌舞伎を「天覧」した日●

明治二十年（一八八七）四月二十六日から二十九日までの四日間に分けて、外務大臣だった井上馨《いのうえかおる》（一八三六〜一九一五）の麻布鳥居坂《あざぶとりいざか》の邸宅で、明治天皇がご覧になる「天覧歌舞伎《てんらんかぶき》」が開催されました。出演者は九世市川團十郎、五世尾上菊五郎《おのえきくごろう》（一八四四〜一九〇三）、初世市川左團次《さだんじ》（一八四二〜一九〇四）ら、当時を代表する名優たちで『寺子屋《てらこや》』、『勧進帳《かんじんちょう》』、『山姥《やまうば》』、『土蜘《つちぐも》』などを上演しました。

四日間の公演では、毎日二本から三本の演目が上演されました。また、天皇・皇后両陛下がすべてをご覧になったわけではなく、初日は天皇のみ、二十七日には皇后臨席、二十八日は外国の公使を招いての公演、二十九日は皇太后主催と、それぞれ主催・招待客の対象が分けられていました。明治天皇は初めて観る歌舞伎にいたく興味を示し、当日用意されていたプログラムがすべて終了してからアンコールを求め、休憩・会食のあとで、もう一本が上演されたと記録にあります。「能」よりもわかりやすく、初めて観る歌舞伎の選りすぐった名作は、今までにない新鮮さをもって迎えられたのでしょう。

この日は、江戸時代以前に京都の河原で発生し、それ以降、長い期間にわたって幕府の弾圧を受けながらも生き延びてきた歌舞伎が、日本の頂点に立つ「天皇陛下」と触れ合った歴史的な瞬間でした。出演者たちの緊張がいかばかりのものであったか、関係者一同は気が遠くなるような緊張状態の中で、歌舞伎を演じたことでしょう。

歌舞伎よりも先に生まれた「能」は、明治九年（一八七六）に、岩倉《いわくら》具視《ともみ》邸で十六世宝生《ほうしょう》九郎《くろう》や初世梅若実《うめわかみのる》らの演能を天皇・皇后両陛下が

「天覧歌舞伎」の模様を描いた錦絵。

観能したばかりか、華族《かぞく》と共に舞台に立っています。この出来事が、明治維新以降、大スポンサーである武士を失い、凋落《ちょうらく》の一途を辿っていた「能」の復興のきっかけになりました。歌舞伎に先立つこと十一年、ここにも「能」と「歌舞伎」の差が垣間見えます。

明治以降、現代に至るまで、芸能や武道、スポーツ競技の「天覧」は徐々に範囲を広げ、相撲、落語、野球、サッカーなどに及んでいきます。歌舞伎に比較的近い位置にいる「落語」が御前公演を果たしたのは昭和四十二年（一九六七）のことで、平成二十九年（二〇一七）に亡くなった二世三遊亭圓《さんゆうていえん》歌《か》（当時は初世三遊亭歌奴《うたやっこ》）の新作落語『授業中《じゅぎょうちゅう》』でした。歌舞伎の天覧から八十年後のことです。それぞれの芸能がいつ天覧に供されたかを見ると、芸能が公式の目からどのように評価されていたかを図る一つの尺度ともなりそうです。庶民に近いものほど、身分の高い人からは遠い位置にあった、ということがはっきりとわかる時代でした。

●外国人が観た「歌舞伎」●

二〇二〇年の東京オリンピック・パラリンピックを控え、海外からの観光客も増えている中、歌舞伎も外国人向けにさまざまな工夫を凝らしています。舞台の進行状況や豆知識を解説する「イヤホンガイド」も、国立劇場の歌舞伎公演時には英語版がありますし、プログラムも英文で併記されている部分が増えました。外国の方々は、歌舞伎をどのような感覚で観ているのでしょうか。時折、私たち日本人よりも遥かに歌舞伎に詳しい海外の方とお目にかかることがあります。いずれにしても、日本が世界に誇る古典芸能「歌舞伎」が、海外の耳目《じもく》を集めていることは歌舞伎座の客席でも体感できます。

明治以降、「日本」という国の姿や実態を知るために海外から多くの人が来日し、歌舞伎に接しました。その中で、江戸時代末期に横浜の駐日イギリス公使館の通訳生として来日し、その後は通訳として働いたイギリス人、アーネスト・サトウ（一八四三〜一九二九）が『一外交官の見た明治維新』（岩波文庫）の中で、日本に滞在している間に見聞した記録を克明にまとめています。その中に、明治二十年代（一八八七〜）に観た歌舞伎の記録があります。どこの劇場で誰のどの芝居を観たかがはっきりしないのですが、外国人は「一分」（一両の四分の一）の料金を取られ、最も後方にある「聾桟《つんぼさ》敷《じき》」と呼ばれる舞台から遠い席で見せられ、役者の声も顔もはっきりしなかった、とあります。これは「吹っ掛けられた」ようです。そこで、升席《ますせき》を予約して日を改めて再度劇場へ赴いたところ、今度はどうしてもお金を取ってくれなかったと書いています。サトウは、「観客の一人として、自分の権利を主張し、あくまでもがんばった」ものの、拒絶されたばかりか、劇場から出なければ幕を開けないとまで言われ、それでも頑として席を立たなかったところ、ようやく劇場側も折れて幕を開けたとのこと。恐らく劇場側も、外国人の扱いに困ったのでしょう。

　サトウは、別の機会に横浜の劇場で『仮名手本忠臣蔵《かなでほんちゅうしんぐら》』と『番町皿屋敷《ばんちょうさらやしき》』を観た日のことを次のように語っています。「午前十一時ごろ始まって十二時間も開演するのが常だった。（中略）背景や衣裳の素朴さ、脚本の文学的形式などは別に変わったところもなく、ヨーロッパの思想にふれても、著しい改良は行われそうもない。（中略）私の希望としては、芝居は従来と同じように、今後もずっと日本人の娯楽と慰みの場所であってほしい」。絶賛でもなければ批判でもなく、淡々と眺めている様子がわかります。外交官という仕事柄、日本のさまざまな部分を目にする日々の中で、歌舞伎はサトウには特別な感興《かんきょう》を与えなかったようですが、引用した部分の最後の一文が、サトウの率直な想いを表しています。

二十代のアーネスト・サトウ（一八六九年頃）。

●ライバル「改良演劇」の誕生●

明治二十年代（一八八七〜）の初め、歌舞伎のライバルになる演劇が生まれました。「自由民権運動」に参加していた人々が、当時の歌舞伎を「旧派」と呼んでいたのに対して、これからの新しい時代の芝居、という意味で「新派《しんぱ》」と名づけられたのです。現在は松竹傘下の「劇団新派」として、男女の情愛を纏綿《てんめん》と描いた泉鏡花《いずみきょうか》（一八七三〜一九三九）や川口松太郎《かわぐちまつたろう》（一八九九〜一九八五）などの作品を中心に上演しています。作品の性質から「女性的な芝居」のイメージを持たれていますが、生まれ立ての頃はそうではなく、「自由民権」という政治思想を宣伝する材料としての演劇であり、「壮士《そうし》芝居」と呼ばれました。「壮士」とは、この当時に使われた政治活動家のことで、元は士族《しぞく》や農民など、身分に関係なく、若さというエネルギーを武器にして政治運動に参加した人々を指します。

「新派」が産声《うぶごえ》を上げた場所は、明治二十一年（一八八八）十二月の大阪とされています。角藤定憲《すどうさだのり》（一八六七〜一九〇七）が、自らの思想を大衆に広く訴えるには芝居が有効だと考え、「大日本壮士改《だいにほんそうしかい》良演劇会《りょうえんげきかい》」を旗揚げし、幸徳秋水《こうとくしゅうすい》（一八七一〜一九一一）作の『勤王美談上野曙《きんのうびだんうえののあけぼの》』などを上演しました。メンバーは素人ばかりでしたが、物珍しさが評判になり、同じような行動を取る人々が続きました。明治二十七年（一八九四）には東京への進出も果たしましたが、すでに当時の東京では「オッペケペー節《ぶし》」で一世を風靡《ふうび》した川上音二郎《かわかみおとじろう》（一八四二～一九一一）らの後続者たちが地盤を固めており、東京では大阪のような支持を集めることができませんでした。しかし、同様の思想を持つ「新派劇」は、日本中に広がり、多くの学生や労働者の人気を得たのです。

いわば「政治思想」を中心とした芝居ですから、主義主張の食い違いにより、離合集散を繰り返します。また、娯楽である芝居の中で、自分たちの主張だけを声高に叫んでいるばかりでは観客を集められないことに気づき、批判していた旧体制の歌舞伎と同様に女形《おんながた》を使い、新聞に連載されていた文芸小説を舞台化して上演するようになります。「芝居と言えば歌舞伎」しか知らなかった庶民は、粗削りでも若くて勢いのある人々が演じるテンポの良い芝居に新しさを感じました。しかも、帝国大学（現在の東京大学）

「壮士芝居」の創始者、角藤定憲。

を卒業した超エリート層からも大きな支持を得たのです（この頃、日本に大学は一校だけでした）。明治二十八年（一八九五）には、歌舞伎の本丸とも言うべき歌舞伎座で興行を打つことになります。歌舞伎にとって、新しい思想を持った人々が創り出す新しい芝居は脅威となりました。

しかし、時代の最先端を行くものは古びるのも速く、新派劇もその運命からは逃れられませんでした。明治四十年（一九〇七）に角藤定憲、四十四年（一九一一）に川上音二郎と、先駆者が明治末期に相次いで亡くなると、新派劇はその舵《かじ》を大きく切り直し、伊井蓉峰《いいようほう》（一八七一～一九三二）、河合武雄《かわいたけお》（一八七七～一九四二）、初世喜多村緑郎《きたむらろくろう》（一八七一～一九六一）の三人を中心にした「三頭目時代《さんとうもく》」と呼ばれる時期が始まります。この三人のうち、河合と喜多村は「女形」でした。新しい時代の中で、江戸時代以来の伝統をそのまま受け継ぐ女形が、新派の中心になったのです。川上音二郎の妻の貞奴《さだやっこ》のような女優もいましたが、彼女は素人ではなく元芸者という特性を持っていました。この時代は、女優として舞台で即戦力になる女性の数が圧倒的に少なく、新しい演劇運動とはいえ、歌舞伎の伝統的な女形を起用するか、範囲を広げるしか方法がなかったのです。

以後も、芝居に対する考え方の違いから離合集散を繰り返し、昭和二十六年（一九五一）に、「劇団新派」として単独の劇団の歩みを始めるまでにはかなりの時間を必要としました。この頃には、初世水谷八重子《みずたにやえこ》（一九〇五～七九）という新派を背負う看板女優が育ち、世の中の「新派劇」に対する感覚や観客の観方も変わり、女性を中心に多くの観客の支持を集めるようになっていました。その後、新派を支えて来た花柳章太郎《はなやぎしょうたろう》（一八九四〜一九六五）などの女形をはじめとする幾多の名優の死で何度も危機に立たされました。現在は、新しいメンバーとして歌舞伎から女形の河合雪之丞《かわいゆきのじょう》（一九七〇〜）、二代目喜多村緑郎（一九六九〜）を迎え、次の時代への方向性を探ろうとしています。新しい演劇も年月を重ねる中で、時には伝統を破壊しながら進んで来ましたが、再び初期のように女形を中心とした形態に歩みを変えようとしています。

●「歌舞伎座」開場●

地下鉄の東銀座《ひがしぎんざ》駅を上がると、晴海《はるみ》通りに堂々たる威容を誇る歌舞伎座。まさに、「歌舞伎の殿堂」の名に相応しい佇《たたず》まいを見せています。かつての、海外からの観光客の中には巨大な銭湯と間違える人もいたそうです。平成二十七年（二〇一五）に建て替えを終えて華々しく開場した現在の歌舞伎座は、「第五期」にあたり、昭和二十六年（一九五一）に新築開場した歌舞伎座の老朽化によって建て替えたものです。地下二階には多くの売店がある「木挽町《こびきちょう》広場」を備え、大規模災害時の避難所としての役割も果たせるような機能を持っています。収容人員も二千人に近く、東京では最大規模の劇場と言えます。

「歌舞伎座」という名称の劇場は、江戸時代には存在せず、明治二十一年（一八八九）に、初めて歌舞伎座の名を持つ劇場ができました。この時点ですでに定員が二千人を超え、舞台の間口が十五間（約二十七メートル）、奥行きは三十間（約五十四メートル）と、現在の歌舞伎座とほぼ同等の規模を誇る大劇場でした。

歌舞伎座は、現在は松竹株式会社の所有ですが、当時は江戸時代の「座主《ざぬし》」制度の下で運営され、座主はジャーナリストで劇作家の福地《ふくち》桜《おう》痴《ち》（一八四一～一九〇六）、「金主」にあたる出資者は千葉勝五郎《ちばかつごろう》（一八三三～一九〇三）と、プロデューサーと経営者が分かれており、会社組織でもありませんでした。その後、明治二十五年（一八九二）には下谷《したや》二《に》長《ちょう》町《まち》（現在の台東区内）に「市村座《いちむら》」が、翌二十六年（一八九三）には日《に》本橋久松町《ほんばしひさまつちょう》（現在の中央区内）に「明治座」が、三十年（一八九七）には神田三崎町《かんだみさきちょう》（現在の千代田区内）に「東京座」が開場するなど、規模は歌舞伎座には及ばないものの、新しく歌舞伎を上演する劇場が続々と造

明治末期の歌舞伎座。

られました。その一方で、「劇聖《げきせい》」と呼ばれた九世市川團十郎が明治三十六年（一九〇三）に六十六歳で、ライバルの五世尾上菊五郎《おのえきくごろう》も同年に六十歳で亡くなるなど、歌舞伎界全体が打撃を受けた不幸にも見舞われ、この年には歌舞伎座の再建を図るために、のちに戦前を代表する人気役者となる十五世市村羽左衛門《いちむらうざえもん》（一八七四～一九四五）の襲名披露が行われています。

間もなく開場百三十年を迎える歌舞伎座は、ほかにも関東大震災や太平洋戦争、漏電による焼失など、決して順風満帆に歌舞伎の殿堂としての歩みを続けてきたわけではありません。昨今の歌舞伎座は、二〇二〇年の東京オリンピック・パラリンピックや海外からの観光客を意識した興行の方法を模索し、観客のターゲットを日本人以外にも広げています。目まぐるしく移り変わる時代の中で、歌舞伎の象徴とも言える劇場が辿ってきた激動の一世紀余りは、波乱に満ちたものでした。その歳月の中で、観客にも役者にも、同じ演目であっても「歌舞伎座」で観ることには格別の想いがあります。首都東京にあることももちろんですが、この劇場には百三十年に及ぶ歌舞伎の歴史が濃縮され、その精神が漂っているからなのでしょう。

●評判が悪かった明治の「活歴」が残したもの●

明治政府ができて以降、江戸時代に人気を博していた「荒唐無稽《こうとうむけい》」や「因果応報《いんがおうほう》」を大きなテーマとする歌舞伎に対して、「近代的ではない」、「もっと人間の真実を追求するべきだ」という声が上がり、それが時の政界やマスコミを巻き込んだ一大運動に発展したことは別項でも述べた通りです。

こうした世の中の新しい動きや思想に対して、敏感に反応した役者がいました。後世に名を残す九世市川團十郎（一八三八〜一九〇三）です。生まれは江戸時代後期の天保《てんぽう》期ですが、明治の歌舞伎界の重鎮として、好敵手の五世尾上菊五郎《おのえきくごろう》（一八四四〜一九〇三）、初世市川左團次《さだんじ》（一八四二〜一九〇四）と共に「團菊左《だんきくさ》」と呼ばれる一時代を作りました。それぞれが、のちの歌舞伎の演技の手本を多く残しています。中でも團十郎は、これからの新しい時代に向けて、と自らの周りに旧来の歌舞伎とは直接関係のない新聞記者や作家、文化人を集め、「求古会《きゅうこかい》」という名の集まりを作ります。ブレーンをいち早く持った歌舞伎役者だと言えますし、「新しい時代の歌舞伎とはどうあるべきか」を考えるために、時代に対する先見性を活かしたとも言えるでしょう。

團十郎が周囲の知識人から学んだことは、「荒唐無稽な歌舞伎はいけない」「リアルで、史実に即した演劇を上演するべきだ」ということでした。この発想で生まれた作品は、「活きた歴史を演じる」という意味で「活歴《かつれき》」と呼ばれました。しかし、これに凝《こ》るあまり、舞台に本物の馬を出すなど、いささか度が過ぎた部分があったことも否定できません。史実に忠実な衣裳を再現して演じたために、今までのイメージを壊すことになり、観客の評判は良くありませんでした。こうした側面が、明治期における團十郎の活動としてクローズアップされがちですが、実は現代の歌舞伎へ連綿と続く演技術を生み出した功績も多く、それは正しく評価されてしかるべきものでしょう。團十郎がこうした考えを持ったのは、「土佐派」のリアルな画風の絵画を学んでいたことも要因の一つだった、と回顧しています。

歌舞伎では、役の心理や性根を表す演技のことを「肚《はら》」と呼びます。意味は「腹芸《はらげい》」の腹と同様です。この「肚」は、近代リアリズム演劇と解釈してもよく、それが、歌舞伎の世界では次の世代の六世尾上菊五郎（一八八五～一九四九）や初世中村吉右衛門《なかむらきちえもん》（一八八六～一九五四）の、いわゆる「菊吉」と呼ばれたコンビに伝えられたため、昭和初期の歌舞伎は活況を呈しました。それを一時的なものに終わらせることなく、その精神は戦後の歌舞伎を背負った歌舞伎役者、六世中村歌右衛門《うたえもん》（一九一七～二〇〇一）や八世松本幸四郎《まつもとこうしろう》（一九一〇～八二）らに伝わり、今も脈々と歌舞伎の芸の中に流れています。

『仮名手本忠臣蔵《かなでほんちゅうしんぐら》』を例に考えてみます。江戸時代以来の人気作品である「四段目《よだんめ》」の幕切れでは、塩冶判官《えんやはんがん》が切腹をしたあと、立ち騒ぐ家来たちをなだめた大星由良助《おおぼしゆらのすけ》が城を明け渡し、花道を引っ込んでいきます。今の歌舞伎では、無念の想いを腹の底に収め、主君が成し得なかった高師直《こうのもろなお》への恨みをどう晴らすか、などの想いを、身体で表現しながら「送り三重《さんじゅう》」と呼ばれる三味線の音色と共に、無言で歩きます。

この場面は神聖で緊張度が高かったために、観客の出入りを止めました。それゆえ、「通《とお》さん場《ば》」との俗称がありました。江戸時代の自由な観劇方法の中にあっても「侵すべからざる領域」を持った主君の別れだったのです。現在では、「四段目」の別名は「判官切腹」と呼ばれていますが、芝居の眼目が切腹する判官と由良助の別れであることは変わりません。團十郎は、主君の無念を胸に秘め、一人花道を行く「引っ込み」を役者の「見せ場の芸」として昇華《しょうか》させ、もう一つの見せ場を創ったのではないか、という説もあります。こうしたことの痕跡は、ほかの作品にも垣間見えます。

『仮名手本忠臣蔵』の「四段目」を描いた錦絵。

「歌舞伎十八番」の中でも華やかなメンバーで繰り広げられる『助六由縁江戸櫻《すけろくゆかりのえどざくら》』。ヒロインの「揚巻《あげまき》」は、女形《おんながた》の中でも大役の一つで、多くの女形が憧れる一座の「立女形《たておやま》」が演じる役柄です。傾城《けいせい》である揚巻の衣裳は実に豪華で、金糸・銀糸の縫い取りのある衣裳や独特の「俎板帯《まないたおび》」と呼ばれるものまで、実に絢爛《けんらん》豪華な装いを見せました。揚巻の衣裳は、時の日本画壇の大家が役者のために描くという習慣があります。「この習慣を作ったのは、九世團十郎なんですよ」とは、明治生まれの女形の古老から私が聴いた話です。

九世團十郎の生涯の中で「活歴」はあまり高く評価されていないようですが、歌舞伎という演劇の「品性」を否定された團十郎が、世間の評価に迎合せず、これからの歌舞伎のあるべき姿を見つめながら新しい道を切り拓いたのです。それが、明治天皇の「天覧《てんらん》歌舞伎」を経て、歌舞伎全般の地位の向上に繋がったのは、否定できない歴史的事実です。「高尚趣味」と一言で片づけてしまうのは簡単ですが、今の歌舞伎の、姿や役に対する考え方の原型を作るのに大きな影響を与え、江戸時代以降の「新しい歌舞伎」を創った功労者の一人であることは、憶えておきたいものです。

「歌舞伎」と「落語」のコラボレーション

現在上演されている歌舞伎の演目の中には、素材を落語に求めているものが何本もあります。『人情噺文七元結《にんじょうばなしぶんしちもっとい》』、先年亡くなった十八世中村勘三郎《なかむらかんざぶろう》（一九五五～二〇一二）の遺志を継いで子息の六代目中村勘九郎《かんくろう》（一九八一～）と二代目中村七之助《しちのすけ》（一九八三～）の兄弟でしばしば演じている『怪談乳房榎《かいだんちぶさえのき》』、夏場の定番とも言える『怪談牡丹燈籠《かいだんぼたんどうろう》』、また『豊志賀の死《とよしがのし》』は、長編『真景累ケ淵《しんけいかさねがふち》』の一部です。『眠駱駝物語《ねむるがらくだものがたり》』という明治の批評家・劇作家として活躍した岡鬼太郎《おかおにたろう》（一八七二～一九四三）の作品も、もとは『らくだ』という噺《はなし》です。また、最近はあまり観られませんが、『芝浜《しばはま》の革財布《かわざいふ》』は『芝浜』という噺を、十世坂東三津五郎《ばんどうみつごろう》（一九五六～二〇一五）が国立劇場で通して上演し、実直な人柄が好評を呼んだ『塩原多助一代記《しおばらたすけいちだいき》』も、落語を歌舞伎化したものです。

これらの傾向は、明治期に名人として大きな足跡を残し、落語の歴史の中で「中興の祖」と呼ばれている三遊亭圓朝《さんゆうていえんちょう》（一八三九～一九〇〇）の功績です。圓朝が落語に残した功績は、海外の小説を落語に翻案《ほんあん》した噺や、怪談の創作など、新しい仕事を精力的に行ったことでしょう。圓朝の噺が最初に歌舞伎化されたのは、明治十二年（一八七九）のことで、「業平文治《なりひらぶんじ》」を主人公にした自身のレパートリーの中の一つとされていますが、演目の題名などの詳細は不明です。ヒット作になったのは明治二十五年（一八九二）に五世尾上菊五郎《おのえきくごろう》（一八四四〜一九〇三）によって上演された『塩原多助一代記』です。

圓朝が活躍していた明治後期は、当時の東京市内や近郊の「寄席《よせ》」の数は百四十軒を超えるようです。仮に今の東京二十三区に当てはめれば、一つの区に平均六軒の寄席があったことになります。もちろん、寄席にも格づけがあり、「端場《はば》」と呼ばれる一流ではない席も数多く存在しました。一流の名の売れた芸人が出ない代わりに入場料も安く、銭湯の帰りに浴衣がけで出掛けられるような気軽さを持ち合わせていた、庶民の娯楽場でした。

圓朝の噺の多くが歌舞伎化されている理由は、いくつかあります。研究熱心な圓朝は、自分で噺を拵える時には丹念な取材を怠らなかったために、ドラマの骨組みがしっかり創られていました。『塩原多助一代記』は、自らが塩原多助にゆかりの深い群馬県を取材に訪れ、克明な記録を残しています。また、長編で登場人物の多い作品は、劇化にも適していました。加えて、海外の小説を落語に翻案するという画期的な試みを行っています。『牡丹燈籠』は中国の古典説話集『剪灯新話《せんとうしんわ》』にその原型がありますし、『名人長二《めいじんちょうじ》』（明治二十八年の初演時は『指物師《さしものし》名人長二』）は、フランスの作家モーパッサン（一八五〇～九三）の短編に材を求めています。

　圓朝のこうした活躍の陰には、隠れた功労者とも言うべき存在がいました。その名を若林玵蔵《わかばやしかんぞう》と言います。明治十七年（一八八四）に、圓朝が口演した『怪談牡丹灯籠』を速記本《そっきぼん》で刊行し、これが大当たりしました。「速記本」というのは、噺家が高座《こうざ》で喋った言葉をそのまま本にしたもので、高座の噺をそのまま読めるという点が受けて、以後、圓朝だけではなく当時の講談の売れっ子だった初世松林伯円《しょうりんはくえん》（一八一二～五五）、初世桃川如燕《ももかわじょえん》（一八三二～九八）などの講談《こうだん》の速記本も多く出されるようになりました。こうして、活字で台本に匹敵する本が残されたからこそ、歌舞伎への舞台化が困難を極めることなく行えたのです。これは、時を同じくして行われていた「言文一致運動《げんぶんいっちうんどう》」を後押しする大きな力にもなりました。

鏑木清方が描いた三遊亭圓朝（国宝）。

　『怪談牡丹灯籠』が舞台化されたのは速記本の刊行から八年後、明治二十五年（一八九二）のことで、五世尾上菊五郎の主演により、歌舞伎座で上演されました。この流れがあったからこそ、「歌舞伎と落語のコラボレーション」がその後も行われるようになったのです。

こうして、歌舞伎における「落語ダネ」のレパートリーは格段に広がったと言えます。この功績があるからこそ、「中興の祖」と呼ばれているのです。明治期に多くいたほかの流行の噺家と一線を画するのは、技術的に巧い噺家というだけではなく、「流行」に終わらない古典になるべき作品を残し、それに協力する「黒子」のような存在がいたからこそでしょう。

右ページの肖像画の作者は、美人画家として高名な鏑《かぶら》木《き》清方《きよかた》（一八七八〜一九七二）です。「築地明石町」など多くの名品を残し、江戸の風情を昭和に伝えた画家で、圓朝の肖像画は昭和五年（一九三〇）に描かれたものです。圓朝の生きた時代には、すでに写真が普及しており、その写真や記憶をもとに画筆を執ったのでしょうか。端正な風姿で高座を勤める圓朝の姿を髣髴《ほうふつ》とさせる名品です。

六十一歳で生涯を閉じた圓朝は、「名人」の名をほしいままにし、貴顕《きけん》との交際も多く、明治二十年（一八八七）には時の外務大臣井上馨《いのうえかおる》邸で催された初の「天覧歌舞伎」の観客の一人でもありました。病気のために五十三歳で一旦噺家を廃業し、静養を経て高座に復帰はしたものの、亡くなる前年に再度病を得て、奇しくも『牡丹燈籠』を最期の高座として亡くなりました。墓所は東京谷中《やなか》の「全《ぜん》生庵《しょうあん》」にあり、命日の八月十一日には噺家が集まり、今でも明治の大名人を偲ぶ「圓朝祭」が行われています。

●雑誌『歌舞伎』と『演芸画報』の創刊●

現在でも、ミュージカルや宝塚歌劇、あるいは演劇全般を扱った雑誌は何種類か発行されています。話題の舞台や、旬《しゅん》の俳優のインタビューなどで構成されているものがほとんどでしょう。「演劇雑誌」という範疇《はんちゅう》に入るかどうかは微妙ですが、昭和四十七年（一九七二）に創刊され、映画・舞台・コンサート・ライブハウスでの催しまでの公演情報を網羅した雑誌『ぴあ』は、エンタテインメントと観客を繋ぐ情報誌として、記しておく意味があるかもしれません。学生が起業して発行したこの情報誌は、やがて情報を提供するだけではなく、チケットの予約販売「チケットぴあ」も開始します。一時は毎号四十万部以上の売り上げを誇りましたが、インターネットの普及、「チケットぴあ」のシステムの充実などで雑誌としての役目を果たし、平成二十三年（二〇一一）を最後に休刊となりました。

一つのジャンルの雑誌でも、時代によって栄枯盛衰《えいこせいすい》を辿り、多くの種類が発行され、廃刊するという歴史を繰り返してきました。平成二十九年（二〇一七）現在、歌舞伎を中心にした雑誌は、太平洋戦争真っ只中の昭和十八年（一九四三）に創刊された『演劇界《えんげきかい》』一誌となりました。この『演劇界』は、明治四十年（一九〇七）創刊の『演芸画報《えんげいがほう》』をはじめ、『演劇』『現代演劇』『国民演劇』『東宝《とうほう》』が統合され、『日本演劇』と『演劇界』の二誌となったことに端を発しています。関西では、京阪の舞台を中心にした歌舞伎専門誌『幕間《まくあい》』が昭和二十一年（一九四六）五月から昭和三十六年（一九六一）十月の約十五年にわたって発刊されていました。内容は類書とほぼ同じですが、当時の京阪の歌舞伎の貴重な資料となっています。

最も古い歌舞伎専門の雑誌は、明治十二年（一八七九）に発行された『歌舞伎新報《しんぽう》』です。劇評や年代記、役者のインタビューなどを掲載しているのは今の雑誌とあまり変わりませんが、江戸時代末期から明治にかけての戯作者で新聞記者でもあった仮名垣魯文《かながきろぶん》（一八二九～九四）が編集に携わり、初めて台本を活字化して掲載、また、日本演芸協会と連携して「演劇改良運動」に協力するなど、当時の歌舞伎界において画期的な役割を果たしました。特に、「戯曲集」がまだ手軽に読めない時代での台本の活字化には大きな意義があります。歌舞伎の雑誌として先駆けの役目を果たした『歌舞伎新報』は、演劇改良運動が徐々に水脈を細める中、創刊から十八年後の明治三十年（一八九七）に廃刊となっています。

今に続く演劇誌の源流、という意味では、明治三十三年（一九〇〇）に森鷗外《もりおうがい》（一八六二〜一九二二）の弟で劇評家の三木竹二《みきたけじ》（一八六七〜一九〇八）が編集・発行した『歌舞伎』があります。兄と同様に医師の道へ進み、開業医として生活する傍ら、演劇評論の仕事にも心血を注ぎ『観劇偶評』などを残しています。帝国大学在学中から新聞に劇評を書くなど、若い時代から才能を発揮していたばかりではなく、歌舞伎の型などを詳細に研究し、「歌舞伎の批評」に客観的な視点を取り入れた近代的な劇評家として活動しました。今の私たちが読んでいる演劇批評の近代的な視点、役の心理の分析やその表現がどう表されているか、という形式は、この時代に確立したことになります。これも、「明治」がもたらした新感覚の結果の一つと言えるでしょう。

また、明治四十年（一九〇七）に創刊された『演芸画報』は、毎月の東西の大小劇場における舞台写真や、「芝居見たまゝ」というタイトルの劇評、芸談、研究など、幅広い視野を持ち、歌舞伎だけではなく、新派《しんぱ》、新劇《しんげき》、人形浄瑠璃《にんぎょうじょうるり》から落語や講談《こうだん》、大

雑誌『演芸画報』の表紙。

道芸や活動写真までをカバーした演芸総合誌としての役割を果たし、大きな人気を得ました。昭和十八年（一九四三）の廃刊まで、三十七年間で四百四十冊が刊行され、明治末期から戦中までの演芸を網羅した貴重な資料です。平成二年（一九九〇）から四年間をかけて大正編と昭和編が復刻され、演劇研究者の高い評価を得ています。

●明治時代の玉三郎は「女優」だった●

現在の歌舞伎界で女形《おんながた》の頂点である「立女形《たておやま》」に位置するのは、五代目坂東玉三郎《ばんどうたまさぶろう》（一九五〇〜）です。「年齢不詳」とも言える若々しさと美しさで多くの観客にため息を付かせています。玉三郎は十四世守田勘彌《もりたかんや》（一九〇七〜七五）の養子で、最初は芸の上での父子という意味での「芸養子」でしたが、のちに戸籍上でも父子となりました。

玉三郎の人気が沸騰したのは、十世市川海老蔵《えびぞう》（のちの十二世市川團十郎。一九四六〜二〇一三）との「海老玉コンビ」、初代片岡孝夫《かたおかたかお》（現在の十五代片岡仁左衛門《にざえもん》。一九四四〜）との「孝玉コンビ」が若い女性ファンを惹き付けたからです。そのきっかけとなったのは、作家の三島由紀夫《みしまゆきお》（一九二六〜七〇）が亡くなる前年に、自作の新作歌舞伎『椿説弓張月《ちんせつゆみはりづき》』の白縫姫《しらぬいひめ》に抜擢したことが大きな要因になっています。三島と交遊が深かったフランス文学者の澁澤龍彦《しぶさわたつひこ》（一九二八〜八七）らによって、玉三郎の美が「発見」され、それが大役の起用に繋がったのです。今から半世紀近く前の時代は、文学者の発言や行動が社会的な影響を持っていた時代で、その名残が感じられます。

以降、玉三郎は時に「歌舞伎」の枠組みを越えた「表現芸術」の人として、新派《しんぱ》や翻訳劇など、他ジャンルの演劇への出演に始まり、舞台の演出、映画の監督、世界的なチェリスト、ヨー・ヨー・マの演奏による創作舞踊の上演、バレエのジョルジュ・ドンとの共演、中国の伝統演劇「崑劇《こんげき》」の上演、和太鼓集団「鼓童《こどう》」の芸術監督と、凄まじいエネルギーで活躍を見せています。歌舞伎の世界とは無縁のところから来た少年が、歌舞伎界で揺るぎないポジションを獲得するまでの苦労は筆舌に尽くしがたいことも多かったことでしょう。

先ほど、玉三郎を「五代目」と書きました。当然、その前に四人の「坂東玉三郎」が存在したことになります。血縁関係はありませんが、明治期に活躍した三世坂東玉三郎（一八八三〜一九〇五）は、なんと女性でした。しかも、二十二歳の若さで、ニューヨークで急死するという哀切な運命を辿っています。この玉三郎は、現在の玉三郎の父勘彌の祖父にあたる十二世守田勘彌（一八四六〜九七）の長女として生まれ、「踊りの神様」と呼ばれた七世坂東三津五郎《ばんどうみつごろう》（一八八二〜一九六一）を兄に持つ、役者の家に生まれた女性です。

昭和三十年代あたりまででしょうか、女子の嗜《たしな》みの一つとして、「踊り」や「三味線」、「生け花」などの稽古が一般の家庭でも行われており、数え年六歳の六月に入門する風習がありました。玉三郎も、役者の家に生まれた女性として、舞踊家を目指したようです。六歳の時に新富座《しんとみざ》で初舞台を踏み、七歳で「三世坂東玉三郎」を襲名しています。まだ子役の年齢で、成長してからは若手歌舞伎にも参加し、舞踊を主な出し物としていました。

実は、この時代は、女性の歌舞伎役者がほかにもいました。三世玉三郎は、のちに女歌舞伎の市川九女八《くめはち》（一八四六～一九一三）の一座に加わったこともあります。市川九女八は、九世市川團十郎の弟子で、人気と実力を兼ね備えていたこともあり、團十郎の俳名の一つ「團州」にちなんで「女團州」と呼ばれたこともあります。師匠に無断で『勧進帳《かんじんちょう》』を上演したことによって破門されましたが、復帰していることから見ても、当時の人気や実力のほどが伺えます。明治時代の歌舞伎に「女歌舞伎」という言葉が残っていることからもわかるように、数は多くないものの、女性が歌舞伎を演じることが絶対的なタブーではなかったのです。

三世玉三郎は、若いながらも舞踊の巧さと美貌で評判を取ったようで、明治三十七年（一九〇四）には、アメリカ・セントルイスで開催された万国博覧会のために渡米しています。もっとも、そこで本格的に歌舞伎を演じたわけではなく、博覧会場の喫茶店などで日本舞踊を見せる「ジャパン・ショー」のような形でした。女優の川上貞奴《かわかみさだやっこ》（一八七一〜一九四六）が、明治三十二年（一八九九）に夫の川上音二郎《おとじろう》のアメリカ公演で踊ったことが評価されたのと同じような感覚でしょうか。

しかし、若く美しい女性歌舞伎役者は、「佳人薄命《かじんはくめい》」の言葉通り、セントルイス公演のあとで芝居の勉強のために訪れたニューヨークで、若木の花を散らしてしまいました。こうした女性歌舞伎役者のことは、今まであまり多くが語られずにきました。揺れ動く時代の中で、数人の女性が歌舞伎の一角を占めていたことは、興味深いものがあります。

「坂東玉三郎」という、たおやかな女形を想起させる役者の名前を、片岡仁左衛門《かたおかにざえもん》や松本幸四郎《まつもとこうしろう》など江戸時代から連綿と続く歌舞伎の名門と同様の大きな看板にしたのは、当代の玉三郎の業績です。それまでの四人の「玉三郎」は名乗っている期間が短かったり、早世したりしていますが、先祖がいればこその五代目坂東玉三郎です。その一方で、もはや比類のない独特の境地にいる玉三郎を想うと、「芸は一代」であることをもまた、感じざるを得ません。

●進歩的だった明治の歌舞伎役者●

伝統を紡《つむ》いできた時間が長ければ長いほど、新しいものに対する抵抗は大きいものです。昔からの手法を頑《かたく》なに守り、伝えることも伝統の大きな側面である一方、「伝統とは破壊されながら継承される」一面も持っています。新作歌舞伎が多く上演されている現在の状況は、次の時代への「伝統」を創るための、暗中模索を含んだ行為の表れと考えることができるかもしれません。

「明治」という新時代に、数多くの新しい試みに挑戦した役者の中で、特に進歩的だった歌舞伎役者の一人として、二世市川左團次（一八八〇〜一九四〇）の名を挙げる必要があるでしょう。

二世左團次は、歌舞伎役者として一流だったことに加え、明治座の座元としての役割も果たし、作家の小山内薫《おさないかおる》（一八八一〜一九二八）と共に、翻訳劇の上演を中心に行う「自由劇場」の運動に参加、ノルウェーの作家イプセン（一八二八〜一九〇六）の『ジョン・ガブリエル・ボルクマン』を森鷗外《もりおうがい》の翻訳で演じています。以後、この公演は第九回まで行われることになり、のちに続く「新劇運動」の走りとなりました。その動きを創った一人が歌舞伎役者だったのです。明治二十年代に新しい歌舞伎を求めた九世市川團十郎からは約二十年の隔たりがありますが、その間に歌舞伎界でも翻訳劇を受け入れる土壌ができたということでしょう。

明治三十九年（一九〇六）には、演劇事情の視察のために、九ヵ月にわたって欧米へ出掛けています。飛行機で簡単に行き来できない百年以上前の海外への「渡航」がどれほど大がかりで大変なものだったかを考えれば、江戸以来の体質を残す世界の住人と思われていた歌舞伎役者が、この時期に外国へ出たことは重要な意味を持ちます。この視察は左團次に大きな影響を与えました。もともと、率先して海外の作品を上演しようという感覚の持ち主でしたが、次に「歌舞伎を海外で上演する」ことを実践しました。昭和三年（一九二八）には、スターリンによる粛清の嵐が吹き荒れるソ連の首都モスクワへ出掛け、『仮名手本《かなでほん》忠臣蔵《ちゅうしんぐら》』の上演を行っています。これが、歌舞伎史上初の海外公演となりました。しかも、訪れた国が英米などではなく、共産国家のソ連だったこ

二十六歳頃の二世市川左團次。

とに一種の驚きを覚えます。

二世左團次の行動は、単に「新しい物好き」というレベルではありません。もちろん、率先して新しいものを取り入れる柔軟な感覚があればこそですが、左團次が果たした役割は、今の歌舞伎界にも大きな根を張っているのです。明治の名優、九世市川團十郎、初世・二世市川左團次。こうした革新的な考えを持つ役者がいなければ、別の項目で述べた歌舞伎の「リアリズム」や心理描写の「肚《はら》」と呼ばれる演技の感覚、他ジャンルとの共演などの新しい考え方はもっと遅れていたかもしれません。率先して新しいものと触れ合い、そこで得た新鮮な感覚を自分のものとし、歌舞伎に組み込む発想を実践した結果が、今の歌舞伎の姿を創る要素の一つになったのです。五十九年の左團次の生涯は、新たな時代における歌舞伎のありようを模索すると同時に、刺激に満ちたものでした。

明治から昭和初期という時代にかけて、これらの偉業を成し遂げることができたのは、左團次の考えに共鳴し、協力する「ブレーン」がいたからです。左團次にとってのブレーンは「新劇の祖」とも言われる劇作家・演出家の小山内薫でした。役者の芸をいかに堪能させるかに重きを置く歌舞伎に対して、まず脚本ありきで、そこに描かれている人物の感情をいかに脚本に忠実に表現するかという、相反するとも思える近代演劇思想を持つ小山内をブレーンにしたことで、表現の方法は違えども演劇の幅の広さや広がりを感じ、積極的に吸収し、実践したところに左團次の新しさ、先見性があります。

現在の新作歌舞伎も、歌舞伎の世界の住人ではない劇作家が作品を提供している機会がしばしばあります。私たちはなんの違和感も持たずにその舞台を観ていますが、この感覚は遥か百年前の二世市川左團次と小山内薫とのコンビが先鞭を付けたとも言えます。

何か新しい動きを起こそうとする場合、内部だけで行おうとしても難しい場合は、どこの世界でも多々あることです。同じ演劇の世界から新しい風を吹き込むために、その専門家をブレーンとして招くという発想もまた、明治の新しさだったのかもしれません。

江戸時代以来の「伝統」をそのまま受け継ぐことに加え、時代の要請の中で違う考えを持った演劇を受け入れ、歌舞伎の中に取り込んでゆく。ここに、長い歴史を閲《けみ》してきた歌舞伎の懐の深さがあるのです。

●大正時代●

大正モダニズムと歌舞伎

●歌舞伎を超える人気の演劇があった時代●

いつの時代にも、過去の伝統を破壊し、凌駕するようなパワーを持った新しいものが出てきます。それが、いつまで続くかは、ニューウェーブの力次第でしょう。演劇の場合、観客の支持がなければ人気やパワーは保てません。しかし、すべてを観客が求める方向に迎合してしまうと長続きせずに飽きられてしまいます。その匙《さじ》加減が創り手の最も難しいところでしょう。

今や「古典芸能の王者」として誰もが認める歌舞伎ですが、常に燦然《さんぜん》たる輝きを放つ、劇界の太陽という時代ばかりが続いていたわけではありません。競合すべき相手がいるのはいつの時代も同じで、そのほうが活性化する場合もあります。そうした観点で言えば、わずか十五年に満たなかった「大正」という、仇花《あだばな》とも言われる時代の中で、歌舞伎は苦境に立たされました。「大正モダニズム」という言葉がありますが、革新と変動の時代だった明治が終わると、庶民が溜め込んでいたエネルギーが一挙に爆発したかのような勢いで、さまざまなジャンルの芸能の活動が活発になりました。その影響力から、歌舞伎も逃れることはできなかったのです。明治期に活躍した名優はこの世におらず、他分野の芸能の勢いを跳ね返し、トップの座に君臨し続けるエネルギーは、大正期の歌舞伎にはありませんでした。

大正元年（一九一二）には、のちに「日活《にっかつ》」となる「日本活動写真株式会社」が設立され、「映画」がスタートを切りました。また、明治時代に一気に流れ込んだ西欧文明に刺激を受けた人々が続々と近代劇の上演を始め、学生層や若い観客を取り込みました。明治四十二年（一九〇九）には、歌舞伎役者の二世市川左團次《さだんじ》（一八八〇〜一九四〇）が劇作家の小山内《おさない》薫《かおる》（一八八一〜一九二八）と共に「自由劇場」を設立、有楽座《ゆうらくざ》で第一回試演としてイプセンの『ジョン・ガブリエル・ボルクマン』を上演したことは別項でも述べた通りです。左團次は、前年にはシェイクスピアの『ベニスの商人』を演じていますが、これは組織的な活動ではありません。左團次という歌舞伎役者が進んで西洋の芝居を演じたのは、本人の気質に加え、歌舞伎にはない魅力をそこに感じたからでしょう。

翌明治四十三年（一九一〇）には、川上音二郎《かわかみおとじろう》（一八六四〜一九一一）が大阪に帝国座《ていこくざ》を建設し、翻訳劇を上演しています。東京ではのちに新派の名優として名を残すことになる井上正夫《いのうえまさお》（一八八一〜一九五〇）が「新時代劇協会」を結成、有楽座でバーナード・ショウの『馬盗坊《うまどろぼう》』を、明治四十四年（一九一一）には松井須磨子《まついすまこ》（一八八六〜一九一九）が「文芸協会」の第一回公演で『ハムレット』のオフィーリアを演じています。こうした動きは、元号が「大正」と改まっても続きました。大正元年には「近代劇協会」が発足し、有楽座での第一回公演でイプセンの『ヘッダ・ガアブレル』が上演されました。

こうした海外の翻訳劇だけではなく、当時日本一の歓楽街だった浅草《あさくさ》で一世を風靡《ふうび》した「浅草オペラ」が大変な人気を呼び、田谷力三《たやりきぞう》（一八九九～一九八八）というスターを生み出します。田谷は、昭和六十三年に八十九歳で歿するまで現役を貫きました。「浅草オペラ」は、関東大震災で灰塵《かいじん》に帰した浅草と共に姿を消しました。現在も活動を続ける藤原歌劇団《ふじわらかげきだん》の創始者である藤原義江《よしえ》（一八九八～一九七六）は、元は新国劇《しんこくげき》の大部屋役者でしたが、田谷力三に憧れて浅草オペラの一員となった経歴を持っています。

また、大正三年（一九一四）には、東京から遠く離れた兵庫県で、「宝塚少女歌劇養成会《たからづかしょうじょかげきようせいかい》」が第一回公演の幕を開け、その四年後には、帝国劇場へ堂々の東上を果たしました。それから百年余の歴史を経てもなお、宝塚歌劇団は今も大きな人気を保っています。国内だけではなく、大正八年（一九一九）には、中国の伝統演劇

五十代の頃の藤原義江。

である「京劇《きょうげき》」の名優「梅蘭芳《メイランファン》」一座が来日し、帝国劇場で京劇を上演しています。

こうした芸能は、歌舞伎とは遠い部分に位置しており、庶民にとっては「新しい異分野のもの」という感覚がありました。しかし、和服姿で男女の情愛や男の義理を描く「新派《しんぱ》」は、歌舞伎に最も近い場所に位置する、庶民のための「新しい芸能」でした。「新派」という呼び名も、歌舞伎の古めかしさを象徴する「旧派」に対するものです。この「新派」がのちに、初世喜多村緑郎《きたむらろくろう》（一八七一〜一九六一）、花柳章太郎《はなやぎしょうたろう》（一八九四〜一九六五）らの名優を生み出すことになります。もっとも、「新派」が現在の形にまとまるまでには、大小の劇団が離合集散を繰り返す、今の小劇場演劇のような状態を経なければなりませんでした。それだけ旺盛なエネルギーを持っていたのだとも言えるでしょう。

こうした新しい芸能のエネルギーは、大正十二年（一九二三）九月一日の関東大震災での甚大な被害によって四分五裂《しぶごれつ》の運命を辿り、縮小・消滅したものもありました。その中で、それまで女形《おんながた》の芸で観客を魅了していた「新派」に初世水谷八重子《みずたにやえこ》（一九〇五〜七九）が加入し、ようやく一つのまとまりを見せ始めます。戦後の昭和二十六年（一九五一）に「劇団新派」として現在の形になりますが、大正時代の新派の隆盛は、一時は歌舞伎を凌ぐほどで、多くの歌舞伎役者が、若き日の花柳章太郎の女形芸を観に出掛け、六世尾上菊五郎《おのえきくごろう》（一八八五〜一九四九）は当時、相手役の女形を相次いで失ったこともあり、新派の若女形として人気を博していた花柳章太郎を歌舞伎の世界へ誘ったほどです。憧れの名優から相手役として歌舞伎界へ誘われた花柳は懊悩《おうのう》しましたが、歌舞伎入りはせずに、新派で女形の道を貫きました。しかし戦前、「芝居の神様」と呼ばれた六世菊五郎の心を動かすほどの魅力を持った女形が、歌舞伎とは異なる芸能の中にいたということです。

大正時代は、江戸時代以降に出現した歌舞伎以外の芸能が大きな力を持ち、歌舞伎のライバルが登場した最初の時代でもあったのです。

●新作歌舞伎のブーム到来●

現在は、歌舞伎界を挙げての新作ブームです。劇作家によるオリジナル作品だけではなく、漫画を原作にしたもの、あるいはアイススケートなどのスポーツとのコラボレーションまで、これからの歌舞伎の可能性を広い視野で模索する動きが胎動しています。

しかし、こうした「新作歌舞伎ブーム」は今に始まったことではありません。どんなに古い歌舞伎も上演当時は「新作」でしたが、そういう意味ではなく、明らかに「新たなる歌舞伎」を生み出そうとした時期が大正時代にありました。明治時代には、新たな西欧思想の演劇が流入し、多くの演劇人がその新鮮さに飛びつきました。歌舞伎役者とて例外ではなく、「新しい演劇」の思想を歌舞伎に持ち込めないか、と考えるのは自然な流れでした。その挑戦の結果がいろいろな形の作品になって噴き出したのが、大正時代の新作歌舞伎なのです。

大正元年（一九一二）、明治以降の新歌舞伎の旗手の一人、岡本綺堂《おかもときどう》（一八七二～一九三九）の『平家蟹《へいけがに》』が大阪の浪花座《なにわざ》で上演されたのを皮切りに、榎本虎彦《えのもととらひこ》（一八六六～一九一六）の『名工柿右衛門《めいこうかきえもん》』が歌舞伎座で上演されています。以降、岡本綺堂の『室町御所《むろまちごしょ》』、『番町皿屋敷《ばんちょうさらやしき》』、『小栗栖《おぐるす》の長兵衛《ちょうべえ》』、坪内逍遙《つぼうちしょうよう》（一八五九～一九三五）の『新曲浦島《しんきょくうらしま》』や『お夏狂乱《なつきょうらん》』、幸田露伴《こうだろはん》（一八六七～一九四七）の『名和長年《なわながとし》』、岡村柿紅《おかむらしこう》（一八八一～一九二五）の狂言舞踊『棒《ぼう》しばり』、池田大伍《いけだだいご》（一八八五～一九四二）の『西郷《さいごう》とお玉《たま》』（のちに『西郷と豚姫《ぶたひめ》』と改題）や『名月八幡祭《めいげつはちまんまつり》』、菊池寛《きくちかん》（一八八八～一九四八）の『忠直卿行状記《ただなおきょうぎょうじょうき》』や『恩讐《おんしゅう》の彼方《かなた》に』、山本有三《やまもとゆうぞう》（一八八七～一九七四）の『同志《どうし》の人々《ひとびと》』や『坂崎出羽守《さかざきでわのかみ》』、木村錦花《きむらきんか》（一八八七～一九六〇）の『研辰《とぎたつ》の討《う》たれ』など、現在の歌舞伎の演目にも残っている作品が続々と発表されています。

こうした動きについて、補足しておくべき点がいくつかあります。一つは幸田露伴や山本有三、菊池寛のように小説の分野で地位を確立した人々が、新作歌舞伎を書く行動を起こしたことです。「劇作家」ではなく、小説家が新たな分野に手を染めたことは、現在の新作歌舞伎を考える上で貴重な示唆を与えてくれる事象です。また、現在と同様に他ジャンルで活躍中の劇作家が新作歌舞伎を書いているケースも多く見られます。これに該当するのは、坪内逍遥や岡村柿紅、木村錦花です。ただし、いずれも歌舞伎ないしは演劇の周辺で活躍をしていた人々でした。

また、必ずしも名作ばかりが生まれるわけではありません。現在は人気作となった木村錦花の『研辰の討たれ』は、十八世中村《なかむら》勘三郎《かんざぶろう》（一九五五〜二〇一二）の工夫と努力によって現在の形になりました。昭和五十七年（一九八二）に歌舞伎座で、三世實川延《じつかわえん》若《じゃく》（一九二一〜九一）の同じ作品を観たことがありますが、現在のようなテンポの良い面白さではなく、「古典の復活」という印象が強かったのを覚えています。しかし、これを演者である延若の責任にするのは酷《こく》な話で、もともとそれほど面白くない作品を、「忘れられないように」と、そのままの形で上演した側にも責任があると考えます。加えて、当時は十八世勘三郎のようなやり方が許される時代ではなく、大幹部たちの高齢化や若い観客の獲得

『研辰の討たれ』の作者の木村錦花。

が難しく、歌舞伎も硬直化を起こしていた時期でした。現在は、片岡愛之助《かたおかあいのすけ》なども演じている『研辰の討たれ』ですが、今のような形で残ったのは、十八世勘三郎の功績が非常に大きいのです。

大正時代にいろいろな形で咲いた新作歌舞伎の「花」。これも大きな財産ですが、これからどのような新作が生まれるのでしょうか。新作を生み出すのは歌舞伎の活性化には良い刺激だと考えられます。ただ、それが一過性のものではなく、現代の新作の中からのちに古典歌舞伎になる作品が生まれるかどうか、それが一番大きな問題ではないでしょうか。

「活動写真」の即戦力は歌舞伎役者だった

「映画」が最初に日本で上映されたのは、明治二十九年(一八九六)のことです。しかし、これは商業的なものではありませんでした。当時は「活動写真《かつどうしゃしん》」と呼ばれていた映画ですが、商業的なものが公開されたのはその三年後、明治三十二年の歌舞伎座で、『芸者《げいしゃ》の手踊《ておど》り』というドキュメンタリー映画です。その後、明治末期から大正時代にかけて、庶民の「娯楽の王様」とも言うべき位置を占めるようになりました。ただし、この当時の映画は、役者自身がセリフを言うことはなく、「弁士《べんし》」と呼ばれるアナウンサー兼ナレーターのような存在が、映画のあらすじや見どころ、時にはセリフを一人でこなして、「映画の実況中継」を行う「無声映画《むせい》」でした。リズミカルに語る調子の良さは、当時の憧れの職業の一つでもあったのです。動きと声が同時の「トーキー」の出現は昭和二年（一九二七）のことです。今ではごく当然のこととして私たちは観ていますが、トーキーの出現を機に、悪声が原因で映画界を去った役者もいるほど衝撃的な事件でした。

大正時代の活動写真は、圧倒的に「チャンバラ映画」が多く、長いフィルムもなかったために、十五分から三十分程度のものが多くを占めていました。撮影を屋外でするため「泥の上で芝居をする」と言われ、「檜《ひのき》舞台」で芝居をする歌舞伎役者などからはかなり下に見られましたが、庶民の人気は圧倒的で、生涯に千本以上の作品に出演し、大きな目が特徴だったことから「目玉の松っちゃん」の愛称で親しまれた二世尾上松之助《おのえまつのすけ》（一八七五～一九二六）は歌舞伎の出身でした。大阪生まれで、当時、大阪の歌舞伎の大立者《おおだてもの》と言われた二世尾上多見蔵《たみぞう》（一八〇〇～一八八六）の芝居に子役で出たことから芝居に興味を持ち、旅役者として活動をしながら、芝居の腕を磨きました。三十四歳の時に活動写真の誘いを受け、しばらくは歌舞伎の舞台と両方を勤めていましたが、大正元年（一九一二）に設立された「日本活動写真株式会社」（のちの日活《にっかつ》）へ移り、以降は活動写真のトップスターとしての道を驀進《ばくしん》することになります。

映画の題材は、「忠臣蔵《ちゅうしんぐら》」や「水戸黄門《みとこうもん》」、「荒木又右衛門《あらきまたえもん》の仇《あだ》討《う》ち」など、歌舞伎のレパートリーの中から選ばれたものや、当時の少年たちに愛読された立川文庫《たつかわぶんこ》という講談《こうだん》を速記して文章にしたものが多く、歌舞伎のあらすじや芝居の流れを知悉《ちしつ》しており、立ち回りもできる歌舞伎役者は、活動写真の即戦力として大きな力を発揮しました。尾上松之助も「忠臣蔵」の大石内蔵助《おおいしくらのすけ》を生涯で二十本、水戸黄門は十三本と、馴染みのキャラクターを繰り返し演じています。そこに、一番近い場所にいたのが歌舞伎役者だったのです。撮影中に倒れ、五十歳の若さで亡くなった「松っちゃん」の葬儀が行われた京都では、当時の京都府知事も参列、名残を惜しむ二十万人のファンの行列が続いたというエピソードもあります。

この尾上松之助の存在が、のちに歌舞伎の大部屋役者に大きな活躍の場を与えることになります。田村高廣《たむらたかひろ》、田村正和《まさかず》、田村亮《りょう》の「田村三兄弟」の父阪東妻三郎《ばんどうつまさぶろう》（一九〇一～五三）もその一人で、「バンツマ」の愛称で親しまれました。こうした先駆者が

「目玉の松っちゃん」こと尾上松之助。

いたために、戦前に歌舞伎から映画へ転向する役者たちが続々と出ることにも繋がったのでしょう。生涯に千本以上の作品を残し、庶民に愛された「目玉の松っちゃん」の作品で、現存するものは、わずか十本程度と言われています。活動弁士の数も少ない今、なかなか上映の機会に接することが難しくなったのは寂しいことです。

●相次ぐ歌舞伎脚本集の刊行●

「本が売れない」と言われ始めてからずいぶん経ちました。事実、都心部のみならず地方でも書店の数が激減し、書店の代わりにインターネットでの通信販売や「電子書籍」、大型の古本ショップなどが活用されているようですが、読書人口そのものが減っていることは否定できません。「読書は趣味ではない。人間が生きる上で必要な事なんだ」とは、昭和を代表するプロレスラーで読書家でもあったジャイアント馬場（一九三八〜九九）の名言ですが、時代と共に読書の傾向や人気の分野が変わるのを止めることはできません。しかし、演劇に関わって生きる者の一人として、最近、特に「戯曲《ぎきょく》を読む」ことが一般の読書習慣の中から遠くなっていることを残念に感じています。大正期から昭和の初めにかけては、多くの分野で新作の戯曲が発表されたこと、「円本《えんぽん》」と呼ばれた「一円」で買える文学全集などが流行したこともあり、多くの戯曲集が発行され、読書人の一般教養の中では、「戯曲を読む」ことも特殊ではありませんでした。

この当時に発行された戯曲集の中でトップクラスと言えるのは、春陽堂《しゅんようどう》から刊行された『日本戯曲全集』で、全六十八巻のうちの五十巻が「歌舞伎篇」、十八巻が「現代篇」という構成です。渥美清太郎《あつみせいたろう》、伊原青々園《いはらせいせいえん》、河竹繁俊《かわたけしげとし》などの歌舞伎研究家が分担して編集したもので、元禄期（一六八八〜一七〇四）から明治時代（一八六八〜一九一二）の三世河竹新七《しんしち》や竹柴其水《たけしばきすい》らの作品まで、歌舞伎・舞踊の脚本が実に三百八十九編も収録されています。河《かわ》竹黙阿弥《たけもくあみ》や四世鶴屋南北《つるやなんぼく》など、著名な劇作家（狂言作者）個人の全集も刊行されてはいますが、歌舞伎をほぼ網羅した形で、これだけ大量の作品を集め、初めて活字になったものも多いという点では、空前絶後の脚本集と言えるでしょう。現在の歌舞伎で上演可能な演目は約三百と言われていますから、それを遥かに上回る数の脚本が収録されていることになります。その分類も細かく、

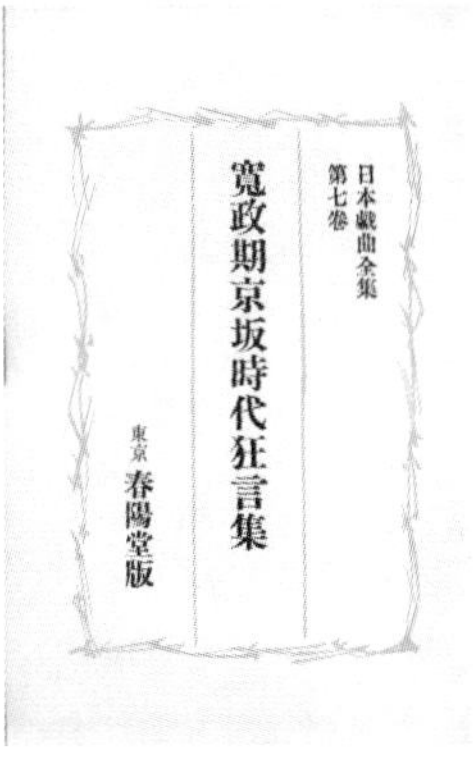

『日本戯曲全集』第七巻「寛政期京坂時代狂言集」の扉。

「寛政期京坂仇討狂言集」、「化政度江戸世話狂言集」など、地域と作品のほかに、「並木正三《なみきしょうざ》篇」「初代桜田治助《さくらだじすけ》集」など、作者によって分けられている巻もあります。

とはいえ、「資料」「文献」としては貴重でも、今、実際に舞台で演じたら面白いかどうかは別の問題です。この膨大な脚本集の中から、現在の観客に合わせた演目を探し、それを「百数十年ぶりに復活上演しました」と言っても、肝心の舞台が面白くなければ意味がありません。この宝の山の中からヒット作になり得る作品を探すのが至難の技であることは、歌舞伎関係者には痛いほどわかっていることでしょう。ただ、約百年前の戯曲を読むという「文化」を失うのはいかにも惜しいことです。当時の読書人が戯曲を読む感覚と現代のそれには、私たちの想像以上に開きがあるはずです。確かに多くの日本人は、小説やビジネス書、エッセイなどは読み慣れていても、「戯曲」にはなかなか手を出さないでしょう。しかし、私たちの父母や祖父母の世代が当然のように行っていたことが、私たちにできない理由もないと思います。

現在、古今東西の戯曲を文庫化し、手軽に読めるようなプロジェクトとして「ハヤカワ演劇文庫」の刊行が不定期ですが早川書房で続けられています。ベストセラーにはならず、採算の取れる事業ではありませんが、それは出版社の見識でもあり、次の世代への「種を蒔く」ことにも繋がります。文化を育てるには、お金や手間だけではなく、長い時間を要するのです。

●関東大震災と歌舞伎●

忘れることのできない「東日本大震災」が起きたのは、平成二十三年（二〇一一）年三月十一日、午後二時四十六分のことです。マグニチュード九・〇という経験のない揺れとその被害の大きさについては、ここで改めて述べるまでもないでしょう。これまでにも多くの地震が日本列島を襲いましたが、「東日本大震災」が発生するまで、最大の被害を伴う地震とされていたのが、大正十二年（一九二三）九月一日、午前十一時五十八分に起きた「関東大震災」です。当時の東京府、神奈川県、茨城県、千葉県、静岡県の広い範囲に甚大な被害をもたらした震災の規模は、今のマグニチュードに直すと七・九相当とされています。まだ木造家屋が多かった時代、しかも地震の発生が正午間際で、多くの人が昼食の支度で火を使っていたことから、火災による被害が多く、焼失家屋が二十万戸、被災者は百九十万人、死者が十万人を超えるという大災害になりました。首都東京が直接襲われた大地震だったために、影響は国内各地に及んだばかりか、復旧までに多くの時間がかかりました。

当時、東京における庶民の娯楽の中心地だった浅草《あさくさ》で、「十二階」の名で親しまれ、日本で最も高い建築物でエレベーターまで備えていた「凌雲閣《りょううんかく》」が倒壊し、これがきっかけとなって、浅草の芸能は衰退への道を余儀なくされました。歌舞伎も同様で、帝国劇場や歌舞伎座もその被害を免れることはできませんでした。特に歌舞伎座は、二年前の大正十年（一九二一）に、漏電《ろうでん》によって焼失したばかりで、再建工事中に震災に見舞われるという二重の不幸を被りました。新築開場したのは、震災から約一年半後の大正十四年（一九二五）一月興行のことです。

これほどの被害を受けた東京では、まず自分たちの生活を立て直すことが第一で、芝居見物をする余裕などはありません。また、芝居をしようにも肝心の劇場の多くが被災し、公演もできませんでした。この震災で再建されることのないままに姿を消した劇場も数多くあります。しかし、歌舞伎がその歩みを止めるわけには行きません。歌舞伎役者にも日々の生活があり、生きて、暮らしてゆく必要があります。歌舞伎役者たちは、震災の被害を受けていない京阪の劇場で出演したり、地方巡業へ行ったりと、散り散りになりました。東京で被災を免れ、なんとか興行が可能だったのは麻布《あざぶ》の南座《みなみざ》で、当時は「小芝居《こしばい》」と呼ばれていた劇場で

関東大震災直後の歌舞伎座。

した。そこで震災後初の歌舞伎公演が行われたのは震災の翌月で、七世市川中車《ちゅうしゃ》（一八六〇～一九三六）らが出演し、『壺坂霊験記《つぼさかれいげんき》』や『熊谷陣屋《くまがいじんや》』などを上演しています。

しかし、これを機会に一時期拠点を関西に移し、活動を続ける役者もいました。その中で順次、東京の劇場も復興を遂げ、翌大正十三年（一九二四）には四谷《よつや》に「大国座《だいこくざ》」が新築開場し、続いて本郷《ほんごう》座《ざ》、赤坂演技座《あかさかえんぎざ》、観音劇場《かんのんげきじょう》（浅草）、浅草松竹座《しょうちくざ》などが続々と開場、大正十四年（一九二五）一月に、ようやく歌舞伎座が開場し、当時の大幹部だった五世中村歌右衛門《なかむらうたえもん》（一八六六～一九四〇）や十一世片《かた》岡仁左衛門《おかにざえもん》（一八五八～一九三四）をはじめ、十五世市村羽左衛門《いちむらうざえもん》（一八七四～一九四五）、二世市川左《さ》團次《だんじ》（一八八〇～一九四〇）などの顔ぶれで幕を開けています。今に比べて、歌舞伎を上演できる劇場が多かったことがわかります。この年には新橋演舞場《しんばしえんぶじょう》も開場していますが、元は芝居のための劇場ではなく、「演舞」の名からもわかるように、新橋の芸者衆が「東《あずま》をどり」の公演を持つための場所でした。京都の祇園《ぎおん》や宮川町《みやがわちょう》などの花街《はなまち》にも「歌舞練場《かぶれんじょう》」と呼ばれる劇場がありますが、同様の発想で創られたものです。

関東大震災からほぼ二年を経て、東京は復興し、新しい姿を見せつつありましたが、大正十五年（一九二六）十二月二十五日、大正天皇が四十七歳で崩御《ほうぎょ》、十五年間続いた「大正」は終わりを告げることになります。

●昭和時代●

第二次世界大戦を挟んで

――戦前編

●新歌舞伎座（新宿）、東京劇場などが開場●

戦前の東京には、毎月ではないにせよ、歌舞伎座以外にも歌舞伎をいつでも上演できる設備を供え、「常打《じょうう》ち」の形態とも言える劇場が、いくつかありました。甲州街道（国道二十号線）の新宿南口周辺の最近の激変には驚くばかりですが、新宿駅南口の改札から新宿御苑《ぎょえん》に向かい、現在「大塚家具」のビルが建っているあたりには「新歌舞伎座」という劇場がありました。定員が千五百名を超える規模の大劇場で、昭和四年（一九二九）、初世中村吉右衛門《なかむらきちえもん》の一座で柿落《こけら》とし興行を行い、新国劇《しんこくげき》や曾我廼家五郎《そがのやごろう》一座の関西喜劇の公演なども行われましたが、中心に据えられていたのは歌舞伎公演でした。

昭和八年（一九三三）からは、「青年歌舞伎」の常打ち劇場となり、当時の四世片岡我當《かたおかがとう》（のちの十三世片岡仁左衛門《にざえもん》）、三世坂東志《ばんどうし》うか（のちの十四世守田勘彌《もりたかんや》）などを中心とした若手の修行の場として、多くの公演が行われました。当時、新歌舞伎座一帯は「角筈《つのはず》」と呼ばれており、場所柄ゆえか、山の手に住む観客層の支持を集めました。昭和九年（一九三四）には「新宿第一劇場」と改称し、それまでの「青年歌舞伎」に加えて「松竹少女歌劇団《しょうちくしょうじょかげきだん》」（ＳＳＫ）の本拠地ともなりました。太平洋戦争中は、映画館として利用され、昭和十八年（一九四三）に演劇公演を再開しましたが、ＳＳＫは浅草に新築開場していた「国際劇場」へと本拠地を移動、戦後の昭和二十二年（一九四七）には再度映画館となりました。その後も、昭和三十三年（一九五八）に「新宿松竹座」と改名、翌年にはもとの「新宿第一劇場」に改名します。相次ぐ改名は、劇場で上演する演劇の方向性が定まらなかったことが大きな理由の一つです。歳月の経過と共に、当初の「青年歌舞伎」のメンバーも年を重ねて歌舞伎界でそれぞれの位置を保つようになり、若手の修行場としての役目も終えて、昭和三十五年（一九六〇）に閉鎖となりました。日本一の乗降客数を誇る新宿駅のすぐそばに、歌舞伎を常打ちしていた劇場があったとは俄かには信じがたいですが、これも時代の流れの結果でしょうか。

歌舞伎座から晴海《はるみ》通りを築地《つきじ》方面に真っ直ぐ進むと、赤と白のビルが道路に面して建っており、中に「東京劇場」という名の映画館が入っています。ここも、もとは歌舞伎の劇場で、「東劇《とうげき》」の愛称で呼ばれていました。現在は、劇場と映画館が同じ建物内にある複合施設は珍しくはありませんが、「東京劇場」は客席数約千七百の大劇場で、昭和五年（一九三〇）の開場後、十年ほどして映画館を併設するなど、当時としては斬新な発想で造られていました。昭和二十五年（一九五〇）には劇場を閉鎖、映画館だけが残り、改築を経て高層化しながら、そのままの名前で現在まで歴史を紡いでいます。もちろん、現在のビルではなく、写真のような建物でしたが、昭和初期の建築物としては、いかにも銀座に近い場所にある「ハイカラさ」を感じさせる佇《たたず》まいを見せています。

東京劇場の柿落とし公演は、当時、絶大な人気を誇っていた十五世市村羽左衛門《いちむらうざえもん》と六世尾上梅幸《おのえばいこう》のコンビに六世尾上菊五郎《きくごろう》が加わり、幕を開けました。羽左衛門と梅幸のコンビが得意にした河竹黙阿弥《かわたけもくあみ》の『雪《ゆきの》暮夜《ゆうべ》入谷《いりやの》畦道《あぜみち》』では、新しい劇場で、情緒纏綿《じょうしょてんめん》とした江戸の男女の情愛を、美男美女のコンビが演じ、威風堂々たる劇場の門出に相応しい評価をもって迎えられました。

しかし、間もなく日本は「十五年戦争」と呼ばれる戦争に突入し、歌舞伎だけではなく、当時「軽演劇」と呼ばれていたコメディ色の強いものまで幅広く演じられるようになります。昭和十九年（一九四四）十一月以降はアメリカ軍による空襲が激しくなる中で、劇場も相次いで閉鎖され、演劇の上演が難しくなり、昭和二十年（一九四五）三月十日の東京大空襲でほとんどの劇場が灰塵《かいじん》に帰しました。歌舞伎を演じられる劇場として焼け残ったのは、この「東劇」と、日本橋三越本店内にあった「三越劇場」だけでした。終戦直後は、東京での「大歌舞伎」の上演には、

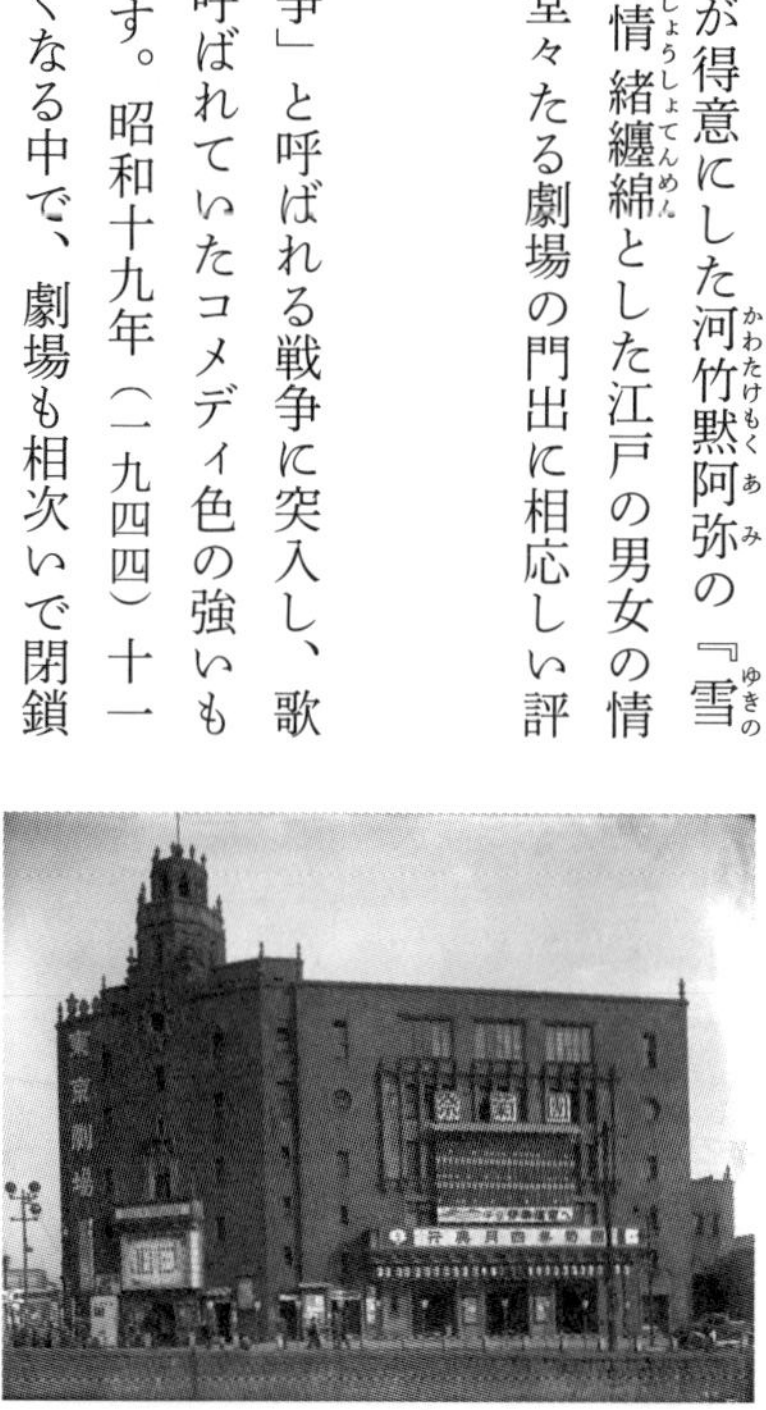

東京劇場の外観。写真提供：松竹。

残った二つの劇場が大きな役割を果たしました。東京劇場は、歌舞伎座の開場を翌年に控えた昭和二十五年（一九五〇）、その役目を終えて、映画館へと姿を変えることになります。

●松竹から離脱した人々による「劇団前進座」の創立●

役者なら誰しも、主役やそれに準ずる役でスポットライトを浴びたい、という欲求があります。それが「スター」への原動力でもあり、自分を進歩させる糧《かて》にもなります。しかし、スターばかりが揃っていても、芝居が成立しないところに集団で制作する芸能の難しさがあります。

どんな世界にも「階級」や「序列」を持つヒエラルキーができます。「人が二人集まれば社会」とも言われるように、多くの人々が集まる中で、トップに立って全体を統率する人も必要なら、縁の下の力持ちの役目を果たす人も必要です。歌舞伎という伝統芸能の世界で、名門の門閥《もんばつ》に関わる者だけが脚光を浴び、外部から歌舞伎に飛び込んだ役者はいつまで経っても認められない閉塞感に不満を抱いた大部屋の役者たちが、松竹《しょうちく》から離脱して自分たちで歌舞伎を上演する劇団を作りました。昭和六年（一九三一）五月二十三日のことで、その名を「劇団前進座《ぜんしんざ》」と言います。テレビドラマ『遠山の金さん』などで人気者となり、平成二十八年（二〇一六）に八十六歳の生涯を閉じた中村梅之助《なかむらうめのすけ》は、劇団前進座の創立メンバーの一人である三世中村翫右衛門《かんえもん》（一九〇一〜八二）の子息で、前進座の「第二世代」として劇団を支えた一人です。

誰一人スターを持たない劇団が人気を得るのは難しいことです。当然、資金にも恵まれていません。そんな中、彼らの青雲の志に感じた新橋の芸者衆がご贔屓《ひいき》となりました。作家の坪内逍遥《しょうよう》や長谷川伸《はせがわしん》なども、歌舞伎界に革命を起こそうとする若者たちに、作品の無料上演を許しました。その中で、五世河原崎國太郎《かわらさきくにたろう》（一九〇九〜九〇）が劇団の「立女形《たておやま》」として人気を得ます。現在でも人気演目の一つとしてたびたび上演される『お染《そめ》の七役《ななやく》』という女形《おんながた》の早替わりを見せる芝居は、演劇評論家の渥美清太郎《あつみせいたろう》（一八九二〜一九五九）の協力を得て國太郎が復活した四世鶴屋南北《つるやなんぼく》の作品です。また、集団でまとまった芝居を見せるアンサンブルの巧さを買われ、ＰＣＬ（株式会社写真化学研究所の略称。のちに東宝映画と合併）にユニットとして多くの映画に出演、これが一時期の前進座の経済基盤を支えることになります。

しかし、何事も順風満帆に進むとは限りません。「合議制」の劇団が、いつしか代表の河原崎長十郎《ちょうじゅうろう》（一九〇二〜八一）の独裁体制に変わり、劇団創立三十七年を迎えた昭和四十三年（一九六八）には、劇団を除名されることになります。また、セリフ術の巧さで評価が高かった中村翫右衛門も、思想的な問題で警察に追われ、その目をかいくぐりながら芝居を続ける、という事態に陥りました。これは、昭和二十四年（一九四九）に劇団の座員七十一名が日本共産党へ集団入党したことに起因しています。本拠を置いた東京都武蔵野《むさしの》市吉祥寺《きちじょうじ》で、「集団生活をしながら演劇活動をすることが良質の舞台を生み出す」との発想から、役者だけではなくその家族も一緒に共同生活を送る「家族的」な劇団が一つの政治的な思想の下にまとまった結果ですが、良い面ばかりではなかったということでしょう。

前進座は「大衆が楽しめる演劇」を標榜《ひょうぼう》し、歌舞伎だけではなく学校公演、和製ミュージカル、新作の創作劇、翻訳劇などをいくつもの班に分かれて全国をくまなく巡演することで「演劇のデパート」の名を持つほどにレパートリーを広げました。さらには、全国のファンや支持者からのカンパで自前の劇場を造る、との悲願を達成すべく、作家の松本《まつもと》清張《せいちょう》が中心となって募金を行った結果、予想を遥かに上回る金額が、思想信条に関係なく劇団を応援する人々から集まりました。そして、昭和五十七年（一九八二）には、花道を常設し、歌舞伎が上演できる定員

在りし日の前進座劇場。写真提供：劇団前進座。

五百人の「前進座劇場」を吉祥寺に建設するところまで漕ぎつけたのです。歌舞伎を上演するには手頃な大きさの劇場で、創立メンバーの悲願が形になり、公演を続けてきましたが、平成二十五年（二〇一三）、老朽化のために閉鎖され、売却されました。

創立から八十五年、主要な顔ぶれも、創立メンバーの孫の世代にあたる「第三世代」と呼ばれる人々が中心になりました。藤川八蔵《ふじかわはちぞう》の孫で現在、劇団の代表を勤める藤川矢之輔《やのすけ》（一九五一〜）、河原崎國太郎の孫で、祖父の名を継いだ六世國太郎（一九六二〜）、國太郎の弟で亡父の名を継いだ七世嵐芳三郎《あらしよしさぶろう》（一九六五〜）。これらの人々が、百年を見据えた劇団づくりをこれからどう行うのでしょうか。歌舞伎に反旗を翻した創立メンバーの志は、時代と共に姿を変えましたが、歴史を重ねた「新しい波」の灯は絶やさずにいて欲しいものです。

●歌舞伎が「記録映画」に残された理由●

昭和十八年（一九四三）十一月、戦局が悪化の一途を辿る中、歌舞伎座では昼夜二部制の公演が行われ、一等席が十円という高額にもかかわらず、十二月も演目の一部を替えただけで続演するほどの大入りを記録しました。戦時下の娯楽が渇望されていたことと同時に、「これが最後になるかもしれない」との想いが、舞台・客席双方にあったことは間違いないでしょう。七世松本幸四郎《まつもとこうしろう》（一八七〇～一九四九）は、当時七十三歳で、生涯の当たり役とも言うべき『勧進帳《かんじんちょう》』の弁慶《べんけい》を「一世一代」で演じ納めることとし、十五世市村羽左衛門《いちむらうざえもん》（一八七四～一九四五）の富樫左衛門《とがしのさえもん》、六世尾上菊五郎《おのえきくごろう》（一八八五～一九四九）の義経《よしつね》と、当時としては最高の配役で上演しました。幸四郎を筆頭に、羽左衛門は七十歳、菊五郎がやや若くて五十九歳とはいえ、出演者の年齢を考えても二度と望めない顔合わせでした。事実、羽左衛門は終戦を知ることなく、昭和二十年五月六日に疎開先の湯田中《ゆだなか》温泉（長野県）でひっそりと息を引き取ることになります。幸四郎は、戦後にも『勧進帳』を演じていますが、誰にとっても一世一代の想いは変わらなかったでしょう。

　いろいろなものが統制されていた時期でしたが、この名舞台を後世に残すことの意義の大きさが関係者の間で語られ、「記録映画」

千六百回以上演じた七世松本幸四郎の『勧進帳』の弁慶。写真提供：松竹。

として残されることになりました。当時、このプロジェクトの中心的な存在になった、早稲田大学の演劇博物館館長で河竹黙阿弥《かわたけもくあみ》の孫にあたる河竹繁俊《かわたけしげとし》（一八八九〜一九六七）は、次のように回想しています。

「私はこれらの俳優の年齢からいっても、戦争の成り行きから考えてもこういう決定的な『勧進帳』は二度と望めないのではないだろうかと思われたので、なんとかして映画におさめておきたいと考えた。（中略）フィルムの統制もしていた情報局は、このためアグアフィルムを一万五千呎（フィート）も出してくれ、はじめは終演後、一日別にやって撮影してくれといい出したが、私が反対して、入場料を払ってきている観客を前にして、舞台のまま、同時録音にすべきだと主張し、その通り実行された」。

このプロジェクトの実現には、文部省映画課長の吉田清一、松竹の社長大谷竹次郎《おおたにたけじろう》らも加わって芸能・文化関係を管轄していた情報局との交渉にあたり、実現に漕ぎつけました。意義の大きさは理解されながらも、実際に物資が不足する中で、大変な交渉だったとは思いますが、関係者の熱意が通じ、空前絶後とも言える『勧進帳』が記録映画として撮影されました。戦前を代表する名優たちの熱演の様子は、戦火の中でも守られ、現在はＤＶＤ化された映像を観ることができます。七十年以上前の映像ですから、今のように画質が良いわけではなく、当然モノクロでの撮影でした。

後世に名舞台を残そうと尽力した人々のおかげで、私たちは伝説的な名舞台を手軽に観賞することができます。大変な苦労を伴った結果が、後世の歌舞伎ファンや研究者にとって貴重な資料となり、その画面からは、関係者の熱い「想い」までもが伝わってくるのです。

●戦時中の歌舞伎の状況●

「十五年戦争」とも言われるアジア・太平洋戦争の始まりをどこに置くかは諸説ありますが、首都東京が初めて戦略的な空襲を受けたのは、終戦の前年、昭和十九年（一九四四）十一月二十四日のことです。日本で最初に被害に遭ったのは六月十六日・北九州で、巡業中の六世尾上《おのえ》菊五郎《きくごろう》が遭遇し、その体験を八月十三日・十四日に歌舞伎座で講演し、ラジオでも放送されました。このあたりから戦争は末期的な様相を帯びてきますが、それまでも、戦争という非常事態の中で、歌舞伎をはじめとする生活必需品とは言えない娯楽は、多くの苦難に遭いながらも、時局に合わせて生き延びようと必死でした。

舞台劇の脚本は、上演前にあらかじめ「当該地方官庁」へ提出し、内容に問題がない、と判断され「認可」の判を受けたものだけが上演を許されました。戦争中は「情報局」が芸能や思想に関する業務を管轄しており、演劇の分野も情報局の意向で動かざるを得ない状況です。劇場には警官が舞台を監視し、許可を出した脚本と違うセリフを言わないようにチェックする「臨官席《りんかんせき》」あるいは「臨検席《りんけんせき》」が客席の最後部に設けられ、そこに座った警官の判断で、上演が許可されている作品でも、台本通りのセリフではなかったり、セリフが聞き取りにくかったりすると、その場の判断で「上演中止！」と声が掛かり、舞台が続けられなくなりました。こうした事態が増えたのは戦争中ですが、この動きはそれ以前からあったものです。大衆の思想が共産主義へ傾斜することを懸念した政府が、大正十四年（一九二五）に施行した「治安維持法《ちあんいじほう》」の存在です。昭和十六年（一九四一）三月に全面改正されてからは、主に「思想の統制」を目的とし、時局に反する思想を取り締まるために、芸術・宗教などにも適用範囲が拡大されました。この法律は、戦後、ＧＨＱ（連合国軍最高司令官総司令部）の指令で昭和二十年（一九四五）十月に廃止されるまで、表現の自由を弾圧するための根拠として機能し、数万人に及ぶ人々が処分を受けました。

そうした情勢下でも、もともと歌舞伎には「忠君愛国《ちゅうくんあいこく》」や「国威発揚《こくいはつよう》」といった、武士の勇壮さや主君への命懸けの忠義を扱った作品が多かったこともあり、ほかの芸能に比べると比較的規制が緩やかでした。その代わりに大正時代以来、午後一時に開演、十時終演と一日一回、九時間の公演を標準としていたものが、七時間、六時間、五時間と短縮され、昭和十七年（一九四二）には「四時間」になりました。昭和十九年（一九四四）二月には「決戦非常措置要綱《けっせんひじょうそちようこう》」が発令され、旅行の制限、官庁の休日削減、高級娯楽の停止、などが実施されました。演劇は休憩を挟んで一回の公演時間が二時間半以内との制限が課され、さらには「高級娯楽」に指定された歌舞伎を上演していた大劇場も閉鎖の対象になりました。東京では、松竹が経営する歌舞伎座をはじめ東京劇場、明治座、新橋演舞場、国際劇場、東宝が経営する東京宝塚劇場、日本劇場、帝国劇場、大阪では中座、角《かど》座、大阪歌舞伎座、大阪劇場、北野劇場、梅田映画劇場など、東京、名古屋、京都、大阪といった大都市の劇場が続々と閉鎖されました。東京の新宿第一劇場は「例外」として閉鎖を免れましたが、経営者の松竹が自主的に閉鎖したため、この期間に閉鎖された大劇場は、全国で十九に及びます。

現在でも、演劇や映画、音楽など、一定の劇場やホールで公演される催し物や競馬・競輪などのギャンブルには、ほかの税金とは別に「入場税」が課されており、演劇は、入場料金が五千円を超えるものには一律十パーセントが課税されています。昭和十九年の「決戦非常措置要綱」施行時には、入場税の税率も引き上げ

十九大劇場閉づ
東西両歌舞伎、寶塚劇場など
勝抜くため〝千秋楽〟に

劇場の閉鎖を告げる『大阪朝日新聞』の記事（昭和十九年三月一日付け）。

られました。入場料が五円以上のものは二百パーセント、つまり入場料の倍にあたる金額が税金となったのです。また五円未満は十五割、三円未満は十割という、いずれにしても異常な高率で、経済的な圧力も強まる一方でした。

こうした中、「高級娯楽」には該当せず、庶民の気軽な芸能である「落語」も、内容によっては「時局柄、相応しくない」と見なされたものがありました。当局からの禁止を受ける前の昭和十六年（一九四一）十月、浅草寿町（現在の台東区寿）にある本法寺《ほんぽうじ》境内の「はなし塚」に、噺家たちが自粛の対象とせざるを得なかった「廓噺《くるわばなし》」、「間男《まおとこ》の噺《はなし》」など、当時の時局に相応しくないと思われる『品川心中《しながわしんじゅう》』、『五人廻し《ごにんまわし》』、『明烏《あけがらす》』など、五十三の噺が葬られました。これらを「禁演落語」と呼びますが、終戦後の昭和二十一年（一九四六）九月に解除されて復活し、現在に至っています。

さまざまな面から圧力がかかる中で、歌舞伎も「時局物《じきょくもの》」と呼ばれる、国民の戦意昂揚《こうよう》を目的とした新作歌舞伎を上演し、国への貢献の姿勢を見せざるを得ませんでした。昭和十七年（一九四二）四月の東京劇場では、郷田悳《ごうだとく》（一九〇五〜六六）作の『潜水艦第六号《せんすいかんだいろくごう》』が上演されていますが、劇評によると「筋は単純、台詞は不明」と評判は良くなかったようです。七月の歌舞伎座では、海軍省の後援によって歌舞伎検討委員会が実施した脚本募集の入選作『洋船事始《ようせんじし》』という、日本で初めて西洋型帆船の建造に成功した船大工を描いた作品なども上演されています。翌十八年（一九四三）四月の明治座では、歌舞伎の市川猿之助《えんのすけ》一座に新派《しんぱ》の村田嘉久子《むらたかくこ》などの女優が参加し、菊池寛《きくちかん》原作、久保田万太郎《くぼたまんたろう》演出で『海ゆかば』が上演され、好評を博しました。海軍大尉《たいい》の兄が、恋の相手を弟に譲って出征したものの、弟にも召集令状が届き、弟の結婚式の当日に兄の戦死の通知が届きます。それを母は隠したまま、弟夫妻を新婚旅行に出発させるという内容です。「戦死」が描かれる一方で、まだ家によっては「新婚旅行」に出掛けるだけの余裕があったことも窺えます。

戦局の悪化による大劇場の閉鎖で、歌舞伎の上演は難しくなりましたが、それ以前から兵士や食糧生産者である農家、工場を慰問《いもん》するための慰問演劇が行われており、歌舞伎も積極的に参加しています。それについては、項を改めて述べることにします。

●「慰問演劇」としての歌舞伎●

中国との戦争が始まった昭和十二年（一九三七）七月以降、政府は国民の戦意昂揚《こうよう》や、兵士、労働者の慰問《いもん》のために、多くの分野で「慰問隊」などを作り、各地を回らせるようになります。

昭和十三年（一九三八）には、落語家と漫才師が戦線慰問団「わらわし隊」を結成、漫才師の横山エンタツらが第一回の慰問公演を行っています。昭和十五年（一九四〇）には東宝が「東宝移動文化隊」を、松竹が「松竹移動演劇隊」を結成し、それぞれの会社に属する演劇や芸能が各地を慰問し始めました。昭和十六年（一九四一）九月、「情報局」の指導のもと、「日本移動演劇聯盟《にほんいどうえんげきれんめい》」が結成されています。

こうした動きを受けて、歌舞伎は九月に「松竹移動演劇団産業戦士慰問」と銘打った公演を長野県、群馬県、茨城県などで行い、『三番叟《さんばそう》』、『仮名手本忠臣蔵《かなでほんちゅうしんぐら》』の『五段目』と『六段目』、『越後獅子《えちごじし》』などを上演しています。また、翌十月には、兵庫県の甲子園球場で「産業戦士慰安野外歌舞伎」が一日だけ上演され、『太功記十段目《たいこうきじゅうだんめ》』、『義経千本櫻《よしつねせんぼんざくら》　道行初音旅《みちゆきはつねたび》』などが披露されました。

昭和十七年（一九四二）六月、六世尾上菊五郎《おのえきくごろう》は日本初の芸能使節として満洲（現在の中国東北部）へ出発、当時の新京《しんきょう》（現在の中国長春市）や奉天《ほうてん》（現在の中国瀋陽市）、中国の大連《だいれん》などの都市で『寺子屋《てらこや》』や『鏡獅子《かがみじし》』、『人情噺文七元結《にんじょうばなしぶんしちもっとい》』を上演しています。この間に、日本海軍はミッドウェー海戦でアメリカ海軍に大敗を喫し、戦局は大きく傾きますが、このニュースが国民に正確に伝えられることはありませんでした。そして、「より多くの弾薬や武器の製造のため」にと、公共地の銅像や建築物の金属装飾、家庭内の金属が「供出《きょうしゅつ》」される運動が始まるのです。

同年九月、「満洲国建国十周年」の記念式典に参列するため、菊五郎は再び満洲へ渡り、新京での祝典への出席後、中国北京で京劇《きょうげき》の俳優との交流を深めて帰国しました。名実共に当時の歌舞伎界のトップだった当時五十七歳の尾上菊五郎が、いくらエネルギッシュであったとはいえ、決して快適とは言えない状況の中で二回の海外公演を行うことは、決して楽な仕事ではなかったでしょう。しかし、自らの身を挺した行動を率先して示すことが大きな意味を持っていたであろうことは推測できます。次いで、二世市川猿之助《えんのすけ》、十四世守田勘彌《もりたかんや》（一九〇七〜七五）、三世市川段四郎《だんしろう》（一九〇八〜五五）らも、同年八月に満洲へ渡り、『二人三番叟《ににんさんばそう》』などの舞踊を中心に、九月まで満洲各地での巡演を行っています。

昭和十八年（一九四三）七月には「関西移動歌舞伎公演」として、広島県呉《くれ》市方面を中心とした「第一班」、愛知県豊川《とよかわ》市方面を中心にした「第二班」、北九州を主に巡演する「第三班」と三つの班が作られ、それぞれ三日から五日間ほどの公演を行っています。昭和十九年（一九四四）に大劇場が閉鎖されたため、歌舞伎の公演は極端に少なくなり、昭和二十年（一九四五）六月、例外的に一時閉鎖が解除された京都南座《みなみざ》で三世中村梅玉《なかむらばいぎょく》（一八七五〜一九四八）、四世片岡我當《かたおかがとう》（一九〇三〜九四。のちの十三世片岡仁左衛門《にざえもん》）らの一座で『仮名手本忠臣蔵』の『九段目』などが上演されたのが、唯一の歌舞伎公演となりました。この月の二十三日には沖縄の守備隊が全滅しています。翌七月三十一日に、東京の日比谷公園にある小音楽堂で吉右衛門《きちえもん》劇団による『釣女《つりおんな》』、『一谷嫩軍記《いちのたにふたばぐんき》』がページェントとして上演されたのが、戦争中の最後の歌舞伎、ということになります。

また、「慰問」としての巡演ではありませんが、昭和十七年二月から大阪歌舞伎座で毎日千人ずつの「産業戦士」とその家族を割引優待するという経済面での貢献が始まりました。十月には東京の歌舞伎座でも毎日五百人の割引優待を始め、ほかの松竹系の大劇場へも広がりを見せました。

戦況が悪化し、各地への慰問もままならない状況での様子を、二世市川猿之助は次のように回想しています。

「興行といえば、だんだんと慰問的な公演ばかりになっていった。私はなにかやっていなければ気の済まない性格なので進んで慰問にも各地へ出かけた。それには悲しいエピソードもいろいろあるが、終戦近いころには一座の者達は召集されたり、または田舎へ

歌舞伎界の風雲児、二世市川猿之助（初世市川猿翁）。写真提供：松竹。

帰ったりして夫婦二人だけになってしまった。（中略）私は紋付、羽織、はかまで朗読をし、そのあとで素踊り（すおどり）の『浦島』などをやって一時間ぐらいの独演慰問興行などもしていたが、私がポータブルの蓄音機をぶらさげ、妻が紋付、羽織などを入れたカバンを持って、あちこちと不便な土地をまわって歩いた。それは、さしずめ、うらぶれた漫才夫婦のような恰好であり、二人で顔を見合わせて笑ったりした。（中略）踊る時も当時はレコードが三枚続きなので、一面終わったかわり目には踊りを停止して、次の音を待つといった、実にわびしい慰問を続けた。」

これが終戦の前月、七月のことです。

各地を慰問する「挺身慰問団《ていしんいもんだん》」が結成されたのは、昭和二十年八月、広島が原爆の惨禍に遭う数日前のことでした。しかし、猿之助の心意気も虚しく、数日後に日本は敗戦を迎えます。ここでは二世市川猿之助の想いを紹介しましたが、不自由な環境の中で、自分の技芸が少しでも戦争に身を捧げている人々の慰安になれば、という気持ちを多くの役者が持っていたことがよくわかります。

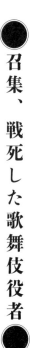

●召集、戦死した歌舞伎役者●

歌舞伎役者といえども、「戦争」と無縁でいることはできませんでした。年齢などにより、戦地へは召集されない代わりに、慰問《いもん》などで地方巡演を行い、国威発揚《こくいはつよう》に貢献する場合もありましたが、召集令状が来て戦地へ赴いた役者もいます。

昭和十三年（一九三八）十月十三日、二世尾上《おのえ》松緑《しょうろく》（一九一三～八九）は、新婚わずか一ヵ月半で最初の出征をすることになります。身分は二等兵で、中国戦線へ送られたものの、昭和十五年（一九四〇）一月に除隊となって無事に帰還したものの、昭和十六年（一九四一）七月に二度目の召集令状が来て、当時は日本の統治下にあった満洲（現在の中国東北部）へ派遣されました。二年半を満洲で過ごしている間に、師団命令で松緑を中心とした「演芸班」が組まれ、周辺の各部隊を慰問に回って『操《あやつ》り三《さん》番叟《ばそう》』や『松《まつ》の緑《みどり》』を踊ったと自叙伝に記しています。松緑は小柄ながら肉付きもよく、体格にも恵まれていたために、召集は二度では終わらず、結局三度、戦地へ赴くことになります。昭和十九年（一九四四）に除隊したものの、昭和二十年（一九四五）三月、戦局がかなり悪化している中で、三度目の召集がかかりました。この時は、外地ではなく、東京赤坂の歩兵第一聯隊から東部管区司令部の参謀部動員室へと東京での兵役でしたが、空襲に遭い、間もなく終戦を迎えました。終戦の折には、さまざまな事情で働きぶりを認められた者は、階級が上の位を与えられ、松緑は終戦時には「伍長《ごちょう》」でした。健康に恵まれていたとはいえ、三度も召集された歌舞伎役者は松緑だけでしょう。

八十歳を過ぎてなお、若々しい佳麗な女形《おんながた》ぶりを見せていた四世中村雀右衛門《なかむらじゃくえもん》（一九二〇〜二〇一二）が召集されたのは昭和十六年（一九四一）一月四日、まだ大谷廣太郎《おおたにひろたろう》を名乗っていた時代でした。終戦後、昭和二十一年（一九四六）十一月に帰国するまで、五年以上にわたって主に東南アジアを転々とし、最後はスマトラ島（現在のインドネシア）などで兵役を勤めました。たおやかな舞台姿からは想像もつきませんが、配属されたのは車輛部隊でした。当時にしては珍しく、トラックの運転免許を持っていたことが雀右衛門の運命を決めたようです。

軍隊生活の間には、「T型フォード」を一旦バラバラにして、元へ戻せるだけの技術を身につけたそうですし、終戦間際にはマラリアに罹って二ヵ月も床に伏したこと、トラックが壊れても修理用の部品がなく、ガソリンのポンプに穴が開いた時は、豚の膀胱《ぼうこう》を重ねて代用するなどの仕事もしたそうです。歌舞伎役者が戦地へ、となると、松緑のように部隊で音曲《おんぎょく》などを求められたようで、兵隊たちにとっては過酷な日々の中での唯一の慰安にもなったのでしょう。戦地の兵隊を励ますために日本から送られてくる慰問袋に『京鹿子娘道成寺《きょうがのこむすめどうじょうじ》』のレコードが入っており、仲間の兵隊に踊りを教えた、との回想を聴いたことがあります。

戦争は雀右衛門の運命を大きく変えました。『スマトラ新聞』という現地の新聞で、昭和十八年（一九四三）九月十日に起きた「鳥取地震」（マグニチュード七・〇）により、父の六世大谷友右衛門《ともえもん》（一八八六～一九四三）が倒壊した建物の下敷きになって亡くなったことを知ったとのことです。遠く離れた日本で、災害で突然父を喪《うしな》っても、駆けつけることができませんでした。

さらに、三世雀右衛門の子息の中村章景《あきかげ》（一九一八～三九）が戦死を遂げ、四代目の名を襲名すべき人物がいなくなってしまいました。年齢も近く、親友だったことから、雀右衛門はまず実父の名である大谷友右衛門（七代目）を継いだのちに、昭和三十九年（一九六四）、中村章景の遺族の懇望によって養子縁組をし、「四代目中村雀右衛門」を襲名することになりました。仮に、中村章景が無事であれば、「四代目中村雀右衛門」は章景が継いでいたはずで、雀右衛門の運命は戦争によって大きく翻《ほん》弄《ろう》されたと言ってよいでしょう。一方で、それまでは脇役・老け役のイメージだった父の「大谷友右衛門」の名を、華やかな女形のイメージに変えた功績もあります。

ほかにも、十七世市村羽左衛門《いちむらうざえもん》（一九一六～二〇〇一）が前名の七世坂東彦三郎《ばんどうひこさぶろう》時代に召集を受け、脇役では中村駒七《こましち》（一九〇五〜八二）も召集されましたが、いずれも命を落とすことなく無事に帰国し、その後の昭和の歌舞伎で大きな役割を果たすことができました。

戦争末期の昭和二十年三月、東京や大阪はアメリカ軍による大空襲で甚大な被害を受けます。三月十五日の大阪大空襲では、当時としては老優だった中村魁車《かいしゃ》（一八七五〜一九四五）が、自宅の防空壕の中で孫を抱いて焼死するという痛ましい事実もありました。

四百年余の歌舞伎史の中で、歌舞伎役者が「戦争」によって命を落としたのはこの時が初めてです。伝統芸能の担い手であるはずの歌舞伎役者までもが軍隊に召集され、戦地へ赴き、銃剣を持って戦う姿は、平和な日本に生きる現代の私たちには想像もできません。しかし、あの戦争に負けたからこそ、今の日本があるのだと考えると、複雑な気持ちになります。

●戦争末期を歌舞伎はどう生きたか●

「戦争」は国家にとって最大の非常時です。日本の長い歴史の中において、昭和十六年（一九四一）十二月八日に始まる太平洋戦争以前に、日本本土が外国から直接攻撃を受けたのは、「元寇《げんこう》」と呼ばれ、教科書に「蒙古襲来《もうこしゅうらい》」と記述されている「文永《ぶんえい》の役《えき》」（一二七四年）、「弘安《こうあん》の役」（一二八一年）だけではないでしょうか。

家族や友人、知人が召集され、国民への統制が強まる中、生活必需品ではない「芸能」は、当然その余波を受けることになります。別項でも述べましたが、歌舞伎も戦争から免れることはできませんでした。また、他ジャンルの演劇、特に思想的な部分を前面に押し出した「新劇《しんげき》」では、「反体制」「反戦」の思想を持つ演劇人が投獄されるなどの事態も起きています。そうした中、歌舞伎を含む演劇や芸能は「情報局」という組織の管轄下に置かれました。これは昭和十五年（一九四〇）十二月にできた組織ですが、戦時下での世論の動向や情報の収集、思想の取り締まりの強化などを目的としたもので、「国策遂行の基礎たる事項に関する啓発宣伝上必要なる指導および取締」が行われました。

戦局の悪化に伴い、物資の不足は普段の生活もままならないほどになりました。その中での公演ですから、大道具は一度使った釘を抜き、金槌《かなづち》で叩いて延ばしてまた使い、暖房が廃止された劇場は底冷えがひどく、訪れる観客たちの恰好も、モンペ姿が大半を占めるようになりました。食堂も営業を停止し、多くの観客が粗末な弁当を用意して、やっと劇場へ出掛けられる状況だったのです。日本各地から、武器や弾丸製造のために金属を差し出す「供出《きょうしゅつ》」が行われましたが、歌舞伎も、楽屋で使っていた白粉《おしろい》を溶くための金属製の容器などを順次瀬戸物《せともの》に替えて、献納しました。物資の不足の中でも特にひどかったのは「紙」で、それまでの「プログラム」は印刷・販売ができなくなり、廊下の壁一面に張り出された演目ごとの配役表を、休憩時間に観客が眺めながらあれこれ語り合う光景が見られたようです。

そうした不自由をしのんで歌舞伎の公演が行われていましたが、昭和二十年（一九四五）三月十日未明、東京の本所《ほんじょ》・深川《ふかがわ》・浅草《あさくさ》一帯を焼き尽くした大空襲は、首都東京に大打撃を与えました。続いて五月二十五日の夜十時過ぎから翌日の午前一時頃にかけての空襲で、歌舞伎の「本丸」とも言える歌舞伎座は炎上、新橋演舞場もその外壁を残して崩れ落ちました。当時、目と鼻の先の築地《つきじ》に住んでいた歌舞伎好きで知られる文学座の加藤《かとう》武《たけし》（一九二九〜二〇一五）は、この空襲の様子を悲痛な想いで描写しています。

「あたりの建物は燃え盛っている。築地小劇場も燃えていた。ところが、奇跡的に火柱が上がっていない一画がある。東劇だった。──と、東劇から斜め前方に視線を送った。……駄目だ、燃えている、歌舞伎座は……。

私が子供のときから見慣れ、行きつけていた憧れの歌舞伎座。奈良朝風の典雅壮観、桃山風の豪華絢爛を誇るあの建物が、今、私の眼前で業

空襲に遭う前の第三期歌舞伎座。写真提供：松竹。

火に包まれている。（中略）

そのとき、突然、轟音と共に、歌舞伎座の大天井が崩れ落ちた。入口や窓から、火の粉がいっせいに吹き出した。内部では、紅蓮の炎が踊り狂っている（後略）」。

まず自分の身の安全を確保しなくてはならない大空襲の中で、子供の頃から歌舞伎が好きで、小学校を早退してまで歌舞伎座に通っていた十五歳の少年が、愛する歌舞伎座の最後の様子をのちに想い出して綴った文章には胸が詰まります。

歌舞伎座が焼け落ちてから三ヵ月後に、日本は終戦を迎え、復興への歩みを始めます。その後、昭和の後半を歌舞伎はどう生きたのでしょうか。「終戦」を迎えてすぐに日本が自由になったわけではなく、歌舞伎の本当の苦難は、戦後に始まったと言えるのかもしれません。このことについては、「戦後編」で述べることにします。

役者と批評家の戦い

歌舞伎に限らず、どの分野の演劇やエンタテインメントでも、舞台の批評は難しいものです。スポーツの場合、評論や解説は、現役選手が引退したあとでその役目に付くことがほとんどです。しかし、映画や演劇の場合は、批評家や評論家が実際に映画の製作や演技をするわけではありません。私自身、「演劇評論家」を標榜しながら、観客から入場料を取り、プロとしての経験を積んだ役者の演技や、演出に対して物を申すわけですから、舞台と批評家の「真剣勝負」であるべきだと考えています。ただし、昭和初期に比べて、新聞や雑誌に占める「劇評」のスペースが現在は相当に縮小されている現実もあります。その原因は、インターネットなどで多くの観客がリアルタイムで自由な意見を述べられる空間や機会ができたこと、劇評以外に掲載すべき情報が格段に増えていることなども大きな要因でしょう。また、「演劇批評」そのものの在り方が変わってきたことも考えられます。しかし、太平洋戦争中であっても、新聞や雑誌で、歌舞伎役者と劇評家がお互いの誇りを賭けて闘っている例が見られます。

岡鬼太郎《おかおにたろう》（一八七二～一九四三）は、明治以降の歌舞伎に作品を提供する一方で、辛口の批評家としても人気を集めました。その岡鬼太郎が、昭和十八年（一九四三）五月という戦時下の厳しい状況の中、歌舞伎座で興行された『傾城反魂香《けいせいはんごんこう》』、通称『吃又《どもまた》』で六世尾上菊五郎《おのえきくごろう》が演じた主役の又平《またへい》の演技を、新聞の劇評で手厳しく批判しました。指摘内容の詳細は、演技の細かな部分にも及びますので省略しますが、この批評に対して、批判された菊五郎が雑誌『演芸画報』の六月号にかなり長い反論を寄せ、「私は岡さんに、もう一度御覧を願って、院本《まるほん》狂言（注：歌舞伎の中で、義太夫《ぎだゆう》を使用する作品のこと）の吃又といふものにつき、篤と御指導を仰ぎたいと思っています」と皮肉めいて結んでいます。

昭和十八年六月、歌舞伎座では「情報局国民演劇参加作品」と銘打って、『仮名手本忠臣蔵《かなでほんちゅうしんぐら》』の『九段目《くだんめ》』を上演しました。そこで菊五郎は、この場面の女形《おんながた》の大役「戸無瀬《となせ》」を演じましたが、『東京新聞』でまたも岡鬼太郎が批判の記事を寄せ、「最拙最劣なるものである。（中略）驚嘆すべき無自覚である」とかなり強い

「芝居の神様」と呼ばれた六世尾上菊五郎。写真提供：松竹。

言葉で批判しました。これに対して菊五郎は猛然と反発し、「俳優の芸術生命に関する断定には承服できません」と反論しています。このやり取りは前回とは違って二度では終わらず、再度、岡の反論が同じ『東京新聞』に寄せられ、「時局柄、時間短縮されている部分もあるので、情報局の審議を待とう」と、半分は時代のせいにした感がある書き方で菊五郎の抗議を認めています。文中に「情報局の審議」とあるのは、「情報局国民演劇参加」とあるように、当時、演芸などを管轄していた「情報局」による「国民演劇コンクール」に参加していたからでした。結果的に、『仮名手本忠臣蔵』は受賞を逸しました。

このやり取りだけを見ていると、お互いが気に入らない相手を、新聞というマスメディアを利用して揚げ足取りしているようにも感じられてしまいますので、当時の様子を客観的に観ていた劇評家の戸板康二《といたやすじ》（一九一五〜九三）の感想を引用しておきましょう。戸板は、当時二十八歳、劇評家としての本格的な活動に入る直前で、女学校の国語教師をしていました。しかし、のちの演劇界に批評家として大きな足跡を残した眼が、その当時の様子を次のように回想しています。

「岡さんに対しては、菊五郎は概して、挑戦的な気分があったらしい」「（菊五郎は）劇評については、すでに九代目市川團十郎のそばにゐて『素人にわかるものか』なとといふ呟きを、きっと彼は耳にしてゐたにちがひないのである」と、いささかの推測を交えて述べています。この推測には、明治期の九世市川團十郎が、同世代の戯作者で新聞記者でもあった仮名垣魯文《かながきろぶん》（一八二九〜九四）と仲が悪かった事実を知っていたことが大きな影響を与えていたようです。

岡鬼太郎と六世尾上菊五郎の間に、個人的な感情がなかったとは思えませんし、それを完全に排除した批評はかなり難しいものです。また、自信家の菊五郎は岡鬼太郎だけではなく、自分が納得できない劇評にはしばしば反論しました。こうしたやり取りから、お互いがそれぞれの立場で「真剣に」論じている様子が伝わってきますし、自分の職分に対するプライドも伝わってきます。現在の演劇界に、こういう場所がほぼなくなっていることを考えると、違う立場にありながらも歌舞伎の発展のために、と論議を闘わせていた時代が羨ましいと同時に、批評家と名乗って文章を書いている自分の責任の重さを痛感せざるを得ません。

●歌舞伎の閉鎖性の功罪、「門閥」の問題●

歌舞伎に対して多くの方が抱いているイメージの中に、「門閥《もんばつ》」や「閉鎖性」があることは否定できません。確かに、歌舞伎には今でも大きな「門閥」があり、「御曹司《おんぞうし》」という言葉が生きています。しかし「御曹司」にも、職業選択の自由はあるものの、生まれた時からすでに自分の進むべき道の一つを提示されていることになります。歌舞伎役者への道を選べば、遊びたい盛りの少年時代から「プロの役者」として働かなくてはならない責任が生じます。多くの大人に経験がある「二日酔いだから……」「風邪をひいたので……」「たまにはサボりたいなぁ……」などの理由で休むことが許されない世界に、五、六歳の少年が身を置き、学業の傍ら、三味線や踊り、鼓《つづみ》などの鳴り物の稽古を続け、大学を卒業した学生が就職する年代にはすでに十五年以上のキャリアを持っている世界なのです。

例外はあるものの、名門の家に生まれない限りは、出世の道が閉ざされていると思われるのが歌舞伎界です。否定的に捉えられることが多いようですが、そうした側面ばかりでもないでしょう。歌舞伎役者として子供の頃から経験を積んでいる人と、高校を卒業してから修行を始める人とでは、十年以上の開きができます。それはそのまま舞台の演技に反映され、御曹司ではなくとも歌舞伎の世界に生まれた子供を重用する傾向は、やむを得ないこととも言えます。

初世市川團十郎（一六六六〜一七〇四）。

その一方で、一般の世界から歌舞伎界に飛び込んで、名を成している役者がいないわけではありません。現在の歌舞伎界で言えば、古典芸能に無関係の家とは言えないものの、平成二十九年（二〇一七）一月に三代目を襲名した市川右團次《うだんじ》（一九六三～）をはじめ、坂東竹三郎《ばんどうたけさぶろう》の芸養子となり、現在は成《なり》田屋《たや》の一門となった四代目市川九團次《くだんじ》（一九七一～）、上方歌舞伎で貴重な脇役として評価が高い六代目上村吉弥《かみむらきちや》（一九五五～）、高校卒業後に三代目市川猿之助《えんのすけ》の弟子となり、女形《おんながた》として人気を得た二代目市川笑也《えみや》（一九五九～）など、自身の努力次第でそれなりの地位を獲得することもできるのです。

こうして名を残した名優は、過去にも大勢います。

また、閉鎖的な側面を持っている中で、親から子へ、口伝《くでん》のような形で「芸の継承」がなされてきたからこそ、四百年以上の命脈を保っているとも言えるのです。誰もが簡単に歌舞伎役者になれるような状況で門戸が開かれていたら、明治維新や対外戦争など、時代の荒波に翻弄《ほんろう》されてバラバラになってしまったことは確実でしょう。小さく閉鎖的な世界ゆえの結束の固さが、時には有利に働くこともあります。歌舞伎を演じる役者が仮に一万人以上いたら、江戸時代以来伝わる歌舞伎の伝統は拡散してしまい、現在のような形での技芸の継承は不可能になっていたはずです。

そもそも、歌舞伎の初期から元禄期（一六八八～一七〇四）あたりまでの役者たちは、先代も先人もいません。門閥も御曹司も存在せず、誰もが「初代」だった時代があるのです。この「初代」たちが努力を重ねて、自分の家を興し、名を成して、自らの芸を伝える基礎を作りました。次代に伝えるべき「芸」が持てたからこそ、それを受け継ぐ必要性が生まれたのです。ここを考えずに、「歌舞伎は閉鎖的である」という論議をしても成立しません。

また、誰もがわずかな努力でできてしまう芸では、人に感動を与えることはできません。何十年という蓄積の上に立つ者同士が互いに技芸の限りを尽くし、火花を散らすところに歌舞伎の醍醐《だいご》味《み》の一つがあります。この点を考えれば、門閥や閉鎖性を云々することに意味がないことは歴然としています。

●昭和時代●

第二次世界大戦を挟んで

――戦後編

終戦後初の歌舞伎公演――東京・大阪

昭和二十年（一九四五）八月十五日、昭和天皇の「ポツダム宣言受諾の詔勅《しょうちょく》」、いわゆる「玉音《ぎょくおん》放送《ほうそう》」よって、世界を二分した大戦《たいせん》は終わりを告げました。しかし、戦争が終わってすぐに物資の不足や食糧事情などが改善されたわけではなく、戦地に残されたままの兵隊も大勢おり、当時の東京都の人口は二百四十万人にまで激減していました。

しかし、終戦からわずか二週間後の九月一日、東京ではわずかに焼失を免れた劇場の一つ「東京劇場」で、市川猿之助《えんのすけ》一座による『黒塚《くろづか》』と『弥次喜多膝栗毛《やじきたひざくりげ》』の幕が開きました。この公演は、本来は「戦災者慰問《いもん》のために、八月公演の予定」で、配役や衣裳の準備が揃っていたために、戦後わずか二週間で歌舞伎の幕を開けることができたのです。この公演で座頭《ざがしら》を勤めた二世市川猿之助（一八八八～一九六三。のちの初世市川猿翁《えんおう》）の回想によれば、

「進駐軍をこわがって、また疎開した方が安全だなどと言っていたときだから、俳優達も出演を不安がっていた。そんな中で疎開している俳優達をも明石町の私の家に呼び集めた。（中略）この公演のときなど足袋が新しく入手出来ず、みんな敗れた古足袋をつくろったり、素足で出演する始末だっ

た。初日は十三人しかいなかった俳優も、興行中にだんだん疎開先からもどってきたりして、毎日一人二人とふえて、ラク（筆者注・千秋楽のこと）の二十五日には二十七人になっていた。新しい顔がふえると、それはみな『弥次喜多』の中へ適当な人物をこしらえて登場させた」とあり、相当不自由な状況の中での公演だったことがわかります。しかし、娯楽に飢えていた観客が押し掛けて、劇場は大入り満員、涙を流して舞台を観ている様子に、自分も目《め》頭《がしら》が熱くなった、と猿翁は述べています。

非常時であればあるほど平穏な日常が恋しいもので、長い戦争状態からは抜け出したものの、これから先の状況が予測できない不安と不自由の中では、数時間の演劇が与える癒しの効果は絶大だったのでしょう。九月には、東京の大劇場以外の劇場で、ほかの演劇も幕を開け始めました。新宿第一劇場では浅草を拠点に活動していた喜劇の「清水金一《しみずきんいち》一座」、浅草の大勝館《たいしょうかん》では「劇団たんぽぽ」の公演、浅草花月《かげつ》劇場では喜劇の「伴淳三郎《ばんじゅんざぶろう》一座」などが幕を開けています。

晩年まで独特の愛嬌を見せた二世中村鴈治郎。
写真提供：松竹。

大阪では、終戦から一週間後の八月二十二日に、新歌舞伎座で四世中村翫雀《なかむらかんじゃく》（昭和二十二年〔一九四七〕から二世中村鴈治郎《がんじろう》。一九〇二～八三）、四世中村富十郎《とみじゅうろう》（一九〇八～六〇）らの一座で『葛《くず》の葉《は》』、『伊勢《いせ》音頭恋寝刃《おんどこいのねたば》』、『座頭《ざとう》』、『藤娘《ふじむすめ》』の幕を開けたとの記録が残っています。

● ＧＨＱによる「歌舞伎の危機」●

すべての日本人にとって、昭和二十年（一九四五）八月十五日は、忘れてはならない日の一つです。この日をもって戦争は終わりましたが、同時に日本はアメリカを中心とする連合国軍の占領下に置かれ、ＧＨＱ（連合国軍最高司令官総司令部）の統制を受けました。庶民の娯楽だった歌舞伎を含めた演劇も、その対象になったことは言うまでもありません。

終戦後、二週間余りで東京では焼け残った数少ない劇場の一つ、「東京劇場」で歌舞伎の幕が開きましたが、七世松本幸四郎《まつもとこうしろう》、初世中村吉右衛門《なかむらきちえもん》、三世中村時蔵《ときぞう》らで十一月の公演中、突然、ＣＩＥ（民間情報部）から演目の一つ『寺子屋《てらこや》』に対し、「好ましからざる作品に該当する」と指摘されて上演中止となり、演目を差し替えての公演となりました。このことは歌舞伎界に大きなショックを与え、その後に始まる「歌舞伎の危機」のきっかけとなりました。この当時の歌舞伎はＧＨＱによる上演前の事前検閲が行われており、簡単な筋書きを提出して許可は得ていたようですが、「これから民主主義を目指す国家が封建的な忠義を描き、子供を身替りにする内容の演目を上演するのはＧＨＱの占領政策に反するのではないか」という投書がＧＨＱに寄せられたのがきっかけになったという説がありま
す。

この「上演中止」事件ののち、間もなく演劇関係者はＧＨＱから「命令書」を受け取ったと記録にあります。その中から、歌舞伎に深く関係する部分を抜粋してみます。

「尚此後の作品は以下の内容のものは当然除外され、上演を許さず。
・其主旨に仇討復讐《あだうちふくしゅう》のあるもの。
・国家主義的、好戦的、もしくは排他的のもの。
・歴史的事実を曲解せるもの。
・『封建的忠誠』を連想させるもの、或は希望、名誉の生活を侮辱せるもの。
・如何なる形式にしろ、直接間接を問わず、自殺を是認せるものを取扱ったもの。
・婦人の服従或《あるい》は貶下《へんげ》を取扱ったもの、或はこれを是認せるもの。」

など、全十三項目にわたる内容です。この厳しい取り締まりは、歌舞伎の演目のほとんどを上演不可能にしてしまうものでした。上演中止の命令を受けた『寺子屋』は、かつて自分が仕えていた主人への忠義のために、我が子を主人の子供の身替りに殺す話です。「封建的忠誠」と指摘を受ければ、反論の余地はありません。

この措置に対して、GHQと松竹、歌舞伎関係者が三日間にわたり、個々の演目についての協議を行いました。その際には、日蓮《にちれん》、北条時宗《ほうじょうときむね》、楠正成《くすのきまさしげ》、織田信長、豊臣秀吉、徳川家康などの歴史的人物が「侵略的、あるいは帝国主義的な人物」と見なされ、こうした人物を主人公にした作品は新旧を問わず上演不可、という結論に達しました。この視点で観れば、『仮名手本忠臣蔵《かなでほんちゅうしんぐら》』は主君への忠義を誓った上での復讐・仇討劇であり、『心中天網島《しんじゅうてんのあみじま》』などの心中物は「自殺を是認する」ことになります。さらに、翌昭和二十一年（一九四六）一月には、「歌舞伎から古典作品が一斉に姿を消す」との新聞報道がなされました。その後、GHQと関係者による協議の結果、許可を得た歌舞伎と、明治以降に創られた「新歌舞伎」を含む「新時代劇」の演目リストが発表されました。このリストの中には、現在もよく上演される『切《き》られ与三《よさ》』、『新薄雪物語《しんうすゆきものがたり》』、『弁天小僧《べんてんこぞう》』、『吉田屋《よしだや》』などが含まれています。「新時代劇」の中で現在も演目のレパートリーに残っているものは少なく、『名月八幡祭《めいげつはちまんまつり》』、『修禅寺物語《しゅぜんじものがたり》』、『瞼の母《まぶたのはは》』など、以前からしばしば上演されていた作品が多く、「新時代劇」に指定された作品は、ほとんどが姿を消してしまいました。

歌舞伎の上演中止事件が起きて以降、その制約解除に尽力したのは、意外なことにＧＨＱの担当者でした。その名をフォービアン・バワーズ（一九一七〜九九）と言います。連合国軍最高司令官であるダグラス・マッカーサー付きの陸軍副官補だったにもかかわらず、自ら望んで「演劇検閲官」に変わり、次々に禁止を解いて上演可能な演目を増やしました。これが、戦後の「歌舞伎の危機」を救うことになったのです。バワーズは戦前に来日した折に歌舞伎に接し、その魅力を充分に理解しており、「芸術はあくまで芸術である。歌舞伎の偉大性は、政治的、封建的傾向を遥かに超えるものである」と新聞のインタビューに答えています。昭和二十二年（一九四七）十一月、「上演禁止」から二年を経て、歌舞伎の上演禁止演目はすべて解除されました。その記念に、東京劇場で七世松本幸四郎《まつもとこうしろう》、六世尾上菊五郎《おのえきくごろう》、初世中村吉右衛門《なかむらきちえもん》、七世澤村宗十郎《さわむらそうじゅうろう》ら、当時の名優が顔を揃えて、『仮名手本忠臣蔵《かなでほんちゅうしんぐら》』の通し上演が行われたのです。多くの歌舞伎ファンが胸をなでおろしたことでしょう。

歌舞伎の危機を救ったフォービアン・バワーズ。

これに先駆け、同年三月には東京有楽町《ゆうらくちょう》に「アメリカ映画ロードショー劇場」として「スバル座」が開場し、第一作の『アメリカ交響楽《こうきょうがく》』が封切られました。これを契機に、昭和十六年（一九四一）十二月以来途絶えていたアメリカ映画をはじめとする多くの娯楽が日本にもたらされるようになり、庶民の娯楽の選択肢が広がりました。

最近は、海外の方でも歌舞伎にかなり詳しい観客を見かけるようになりました。アメリカからの観客は、自国の先人が歌舞伎の救世主の一人だったことを知っているのでしょうか。

●「女形不要論」とその周辺●

戦後の昭和二十一年（一九四六）から、昭和三十六年（一九六一）まで、京阪の舞台を中心にした歌舞伎専門誌『幕間《まくあい》』が発行されていました。この雑誌の昭和二十二年（一九四七）十月号に、「女形《おんながた》特輯《とくしゅう》」という記事が出ました。演劇評論家の三宅周太郎《みやけしゅうたろう》（一八九二〜一九六七）が巻頭に「女形の『命』」という一文を寄せたほか、当時の女形を代表する三世中村梅玉《なかむらばいぎょく》（一八七五〜一九四八）、三世中村時蔵《ときぞう》

（一八九五〜一九五九）、七世尾上梅幸《おのえばいこう》（一九一五〜九五）、六世中村芝翫《しかん》（一九一七〜二〇〇一。のちの六世歌右衛門《うたえもん》）、十三世片岡我童《かたおかがどう》（一九一〇〜九三。のちに十四世片岡仁左衛門《にざえもん》を追贈）、四世尾上菊次郎《きくじろう》（一九〇四〜八二）、二世中村成太郎《なりたろう》（一九〇〇〜八〇）、三世尾上多賀之丞《たがのじょう》（一八八九〜一九七八）、前進座《ぜんしんざ》の五世河原崎國太郎《かわらさきくにたろう》（一九〇九〜九〇）らが談話を寄せています。

戦後二年が過ぎ、日本の社会が新しい動きを見せ始めている中、江戸時代以来の伝統芸能である歌舞伎の大きな魅力の一つである「女形」のあり方にも眼が向けられたのでしょう。この「特輯」では、「女形でいることの不自由さ」も語られていたようです。ただ、この時点では演劇界の中だけでしたが、広い視座でこの問題を考える萌芽《ほうが》になったのでしょうか、「特輯」から四年後の昭和二十六年（一九五一）には、文学者を交えて「女形」の必要性について議論が始まりました。雑誌『文学』誌上で、文芸評論家の猪野謙二《いのけんじ》（一九一三〜九七）と日本文学研究者の近藤忠義《こんどうただよし》（一九〇一〜七六）の二人が、舞台を観た感想を「往復書簡」の形式で、戦後の民主化が進む中において、封建的な歌舞伎のありようについての議論を交わしました。さらに、フランス文学研究家の桑原武夫《くわはらたけお》（一九〇四〜八八）、劇作家の木下《きのした》順二《じゅんじ》（一九一四〜二〇〇六）らも論戦に加わり、意見が闘わされました。明治以降の自然主義的演劇に基づく考えからすれば、「自然」ではなく人工的に歪《ゆが》められたとも見える「女形」の存在は不要であり、ひいては民主主義の世の中で、封建的な主義・思想を中心に据えた演劇である「歌舞伎」自体が不要だ、という過激な意見も出されました。

確かに、男性の肉体を持ちながら、限りなく女性に近づき、時に女性を超える美しさを舞台で見せるための努力は並大抵のものではなく、肉体的にも過酷な状況を求められます。それを「不自然」あるいは「歪んだ」ものと捉えられ、「女形不要論」とまではまとまらずとも、こうした意見は明治維新以降、何度か出ては消えていました。しかし、女形を擁する歌舞伎自体が「不要」だと断じられることになったのは、日本がGHQ（連合国軍総司令官総司令部）の占領下で強力に「民主主義」化を推し進めていたことと無関係ではありません。「不要」と言われた女形たちは、年齢や立場、女形しか演じずに普段の生活や考え方も女性に近づけようとする「真女形《まおんながた》」や、立役《たちやく》（歌舞伎における男性の役）も演じる女形などの違いがあり、それぞれが自分の演じる役の成果で答えを出すしかありませんでした。

海外の近代演劇と日本の古典演劇とを、その性質の違いを考慮せずに同じ土俵の上で議論することにはいささかの疑問もありま

京阪の歌舞伎を担った雑誌『幕間』の表紙。

すが、戦後になっても歌舞伎がこうした議論にさらされていたことは事実です。私の知る限りでは、現在は「女形不要論」を耳にすることはなく、ファンの視線には温かさが感じられます。六十年以上の歳月をかけて、多くの女形が「不要論」を不要にした結果が現在の歌舞伎なのでしょう。しかし今後、この議論が再燃しないという保証はありません。「女形不要論」は、歌舞伎に限らず、芸能が時代と共に変容しながら生きていることの証明の一つでもあるのです。

●「菊五郎劇団」と「吉右衛門劇団」●

古典芸能である歌舞伎に「劇団」という言葉は、何かそぐわない気がします。しかし、今も歌舞伎界には「劇団」が存在しています。もとは、「○○一座《いちざ》」と、人気役者を中心に血縁関係や共演者などでまとまっていたものが、「劇団」という呼称になったのです。現在、「解散したわけではない」という形で残っているのが、昭和十八年（一九四三）に結成された「中村吉右衛門《なかむらきちえもん》一座」が「吉右衛門劇団」と呼び名を変えたものと、昭和初期からあった「市川猿之助《いちかわえんのすけ》一座」が、昭和二十六年頃（一九五一）から「市川猿之助劇団」と呼び名を変えたものの二つです。

結成の時期が明確なのは「菊五郎《きくごろう》劇団」で、昭和十七年（一九四二）十二月八日、「太平洋戦争開戦一周年」の記念に、従来の呼称の「菊五郎一座」を改めて「尾上菊五郎劇団」としました。合理的・近代的な感覚の持ち主でもあった六世尾上菊五郎（一八八五〜一九四九）らしく、単なる名称変更ではなく、「梨園の旧弊を一掃し、機構の改革を図る」という意図のもとに、「座頭《ざがしら》」を「理事長」に、「作者部屋」を「文芸部」にと、名称も一新しました。理事長兼総務部長には菊五郎が就任し、理事兼総務次長に四世市川男女蔵《おめぞう》（一八九八〜一九六九。のちの三世市川左團次《さだんじ》）、理事兼企画部長に養子の三世尾上菊之助《きくのすけ》（一九一五〜九五。のちの七世尾上梅幸《ばいこう》）を充て、劇団の方針はすべて総会、理事会、各部連絡会で決定するなど、歌舞伎界の近代化・組織化を目的としたのです。

昭和二十四年（一九四九）七月に菊五郎が歿しました。その通夜の晩に、当時、菊五郎の薫陶《くんとう》を受けながら歌舞伎の修行をしていた梅幸、二世尾上松緑《しょうろく》、十七世市村羽左衛門《いちむらうざえもん》らが「菊五郎劇団」の行く末を弔問客でいっぱいだった菊五郎邸の「物干し」に集まり、討議した結果、菊五郎の残した芸を継承し、一座としてまとまっていこうと皆の意見が一致したと、松緑は自らの芸談の中で、この夜のことを「物干し会議」と語っています。

菊五郎が得意にした「世話物《せわもの》」と呼ばれる庶民の生活を描いた作品は、特にアンサンブルが重要であり、そうした意味でも結束を固めることは必要でした。「菊五郎劇団」は現在も劇団体制を続け、長唄《ながうた》のような邦楽は「音楽部」が担当するなど、劇団としての職制が機能しています。時には、九世市川海老蔵《えびぞう》（のちの十一世市川團十郎）が特別参加して花を添えるなどの公演も行われました。

「吉右衛門劇団」は、六世菊五郎のよきライバルだった初世中村吉右衛門の一座で、吉右衛門の相手役を勤めていた六世中村福《ふく》助《すけ》（のちの六世中村歌《うた》右《え》衛門《もん》）、弟の十七世中村勘三郎《かんざぶろう》、娘婿にあたる五世市川染五郎《そめごろう》（のち、八世松本幸四郎《まつもとこうしろう》を経て初世松本白鸚《はくおう》）らが中心となっていました。菊五郎劇団が「世話物」を得意としたのに対し、歌舞伎の中の時代劇と言える「時代物」を中心とした演目で、互いに人気を競っていました。

「猿之助劇団」は他の二つの劇団に比べて、やや複雑な歩みを見せています。「猿之助一座」という名称は、昭和初期の歌舞伎の上演年表で見ることができます。その名の通り、二世市川猿之助が中心になり、弟の八世市川中車《ちゅうしゃ》（一八九六～一九七二）、二世市川小太夫《こだゆう》（一九〇二～七六）らの一門を中心にした一座を組んでいたものです。それが「劇団」と名称を変えたのは、「菊五郎劇団」や「吉右衛門劇団」の誕生が契機だったのではないかと考えられます。「一座」という言葉は江戸時代からありましたが、同じこ

中村吉右衛門一座の名古屋御園座公演のパンフレット（昭和二十七年）。

とをしていても「劇団」という明治以降の新しい言葉に歌舞伎界も反応し、観客も劇団としてのまとまりによる個性を楽しむことができたのでしょう。

現在では、「菊五郎劇団」以外ははっきりと呼ぶことはせずに、「吉右衛門劇団系の芸風」などという使い方をすることがあります。歌舞伎の枠組みの中では言うに及ばず、外部との共演も自由な今、あえてかつての劇団制度に固執することもないということでしょうか。

●新宿の「歌舞伎町」と歌舞伎の関係●

東京都新宿区歌舞伎町。大繁華街新宿の一角で一晩中灯りが消えない「不夜城《ふやじょう》」のような街です。飲み屋を中心にした歓楽街で、かつては「危険な街」の代名詞でしたが、ここ十年ほどの間に、行政や地元の努力もあって印象がずいぶん変わりました。

しかし、「歌舞伎町」という名前でありながら、「歌舞伎」に関する劇場も、その痕跡もありません。小劇場やイベントスペース、ライブハウスなどはともかく、大劇場と呼べるものは、平成二十年（二〇〇八）

十二月三十一日をもって閉場した「新宿コマ劇場」だけでした。収容人員が二千人を超える大劇場で、かつては美空ひばりや北島三郎などの公演、「雲《くも》の上団五郎一座《うえだんごろういちざ》」などの喜劇、千葉真一が率いていたジャパン・アクション・クラブ（JAC、のちにJAEと改称）の公演やミュージカル『ピーター・パン』など、幅広いジャンルの公演が行われていました。昭和三十一年（一九五六）に、当時としてはかなり斬新な三重構造の廻り舞台を持ち、それが独楽《こま》のように見えることから「新宿コマ劇場」と名づけられましたが、老朽化が進んだため、歌舞伎町の再開発と共に閉場し、現在、跡地にはホテルが建っています。

では、なぜ歌舞伎に縁のない場所に「歌舞伎町」の名が付いているのでしょうか。実は戦後、ここに「新しい歌舞伎の劇場を建てよう」という構想があったのです。新宿には戦前、南口に「新宿第一劇場」という歌舞伎の常打《じょうう》ちの劇場がありました。現在、歌舞伎は松竹が百パーセント独占していますが、昭和三十年代はそうではなく、八世松本幸四郎《まつもとこうしろう》が、子息の七代目市川染五郎《そめごろう》（現在の二代目松本白鸚《はくおう》）、中村万之助《まんのすけ》（現在の二代目中村吉右衛門《なかむらきちえもん》）ほか一門を率いて東宝へ移籍し、「新しい歌舞伎の創造」を試みた時期がありました。東宝は松竹と並ぶ日本の興行会社で、互いにライバルの関係にあります。

阪急・東宝グループの創始者小林一三《こばやしいちぞう》（一八七三〜一九五七）は、「宝塚歌劇団」や「東宝映画」など、国民の娯楽を次々に創り上げた実業家で、彼の頭の中には「新しい国民演劇としての歌舞伎」を上演できる劇場を東京に建設するという理想がありました。そこで目を付けたのが、今のような賑やかさを持たない当時の新宿で、土地を取得し、「歌舞伎町」と名づけて「歌舞伎の殿堂」を建設しようとしたのです。その結果、できあがったのが「新宿コマ劇場」でした。

劇場が多く集まっていたのは、中央区築地《つきじ》から千代田区日比谷《ひびや》にかけての一帯です。新橋演舞場、歌舞伎座、東京宝塚劇場、帝国劇場、芸術座をはじめ、ほかにも多くの映画館など、松竹と東宝、それぞれの資本による劇場が集中していたのは現在と変わりません。かつては新宿の甲州街道沿いに「新宿第一劇場」という歌舞伎を上演する劇場がありましたが、それを遥かに上回る大きさと新しい技術を駆使できる劇場が、新宿に出現しました。しかし、ここで計算違いだったのは、劇場という立派なハードウェアが完成しても、上演する歌舞伎のソフトウェアを獲得できなかったことでした。帝国劇場や東京宝塚劇場で、前述の松本幸四郎や長谷川一夫《はせがわかずお》が新しい歌舞伎の在り方を模索し、作品が上演されま

昭和三十五年（一九六〇）当時の新宿コマ劇場（写真右）。

したが、それは江戸時代から続く古典芸能としての「歌舞伎」ではなく、劇場には「花道」も設置されていませんでした。物心がつくかどうかという年齢から踊りや三味線などの邦楽の稽古を始め、二十数年かけてようやく一人前という手間と時間のかかる歌舞伎役者を東宝が養成するには、設備も人材も整っていません。その状況では松竹専属の歌舞伎役者を東宝が引き抜くしか方法はありませんが、歌舞伎の興行経験がない興行側と役者の理想の間には溝が生まれてしまいます。その結果、東宝で「新しい歌舞伎」を創ろうという動きは挫折することになります。

こうした経緯を経て、「新宿コマ劇場」は収容人数の大きさを利用して団体向けの興行にシフトし、新宿歌舞伎町の地で五十年を超える演劇文化を提供してきましたが、地名通りの劇場にはなりませんでした。今は、演劇のジャンルの垣根がなくなったとも言える時代です。こういう時代だからこそ、若い人々が多く集まる歌舞伎町で歌舞伎の公演が行われれば、いろいろな意味で注目を集めることができるのではないでしょうか。

●『源氏物語』が初めて上演された日●

平成二十年（二〇〇八）は『源氏物語』の成立から千年を記念し、「源氏物語千年紀《せんねんき》」と銘打った、さまざまなイベントが行われました。現代の観客には、古典文学そのものよりも、映像化されたもののほうが馴染みやすいようで、「源氏物語千年紀」を迎える前の平成十三年（二〇〇一）には吉永小百合《よしながさゆり》、天海祐希《あまみゆうき》、高島礼子《たかしまれいこ》、常盤貴子《ときわたかこ》らの出演によって映画『千年の恋　ひかる源氏物語』が公開されています。

『源氏物語』が初めて歌舞伎の舞台で上演されたのは、戦後の昭和二十六年（一九五一）のことでした。この年、映画でも長谷川一夫《はせがわかずお》（一九〇八〜八四）と木暮実千代《こぐれみちよ》（一九一八〜九〇）の主演で、谷崎《たにざき》潤一郎《じゅんいちろう》の監修のもと『源氏物語』が封切られました。歌舞伎の『源氏物語』も、同様に谷崎潤一郎が監修にあたり、舟橋聖一《ふなはしせいいち》の脚色で、三月の歌舞伎座で「第一部」として上演されています。「第二部」が翌二十七年（一九五二）五月の歌舞伎座、「第三部」が二十九年（一九五四）五月の歌舞伎座で上演され、完結を見ました。

原作を丹念に辿りながら、ほぼ完全な形での上演を行ったことになり、これを先駆けとして以降、北條秀司《ほうじょうひでじ》、川口松太郎《かわぐちまつたろう》、円地文子《えんちふみこ》、土橋成男《どばししげお》などが相次いで一部分を脚色し、歌舞伎の舞台で「新作」としての上演を重ねることになりますが、舞台化されたのが作品成立後九百五十年近くを経て、というところに歌舞伎と『源氏物語』との微妙な関係が窺えます。

「芸能の一分野である『歌舞伎』が、宮中《きゅうちゅう》での恋愛模様を描いた作品を芝居にするのは怖れ多い」という感覚が、戦後、日本が独立国になる寸前まで続いていた、ということです。ここに、同じ古典芸能でありながら、早くから「武士の式楽《しきがく》」として公認されていた「能」との違いを見ることができます。能では、江戸時代から『源氏物語』の各巻を題材にした作品が続々と上演されていました。「夕顔《ゆうがお》の巻」を題材にした『半蔀《はじとみ》』『夕顔』、「葵《あおい》の巻」を能にした『葵上《あおいのうえ》』、「賢木《かしこぎ》」からの『野宮《ののみや》』、巻の名前と同様の『浮舟《うきふね》』、『玉鬘《たまかずら》』など、多くの演目があります。また、「地唄《じうた》」という浄瑠璃《じょうるり》の系統を引く邦楽にも『源氏物語』を題材にした曲があります。これは、地唄という芸能が、朝廷の所在地だった京都で発達を遂げたことが大きな要因でしょう。

こうした中で、宝塚歌劇では黎明期《れいめいき》から多くの作品が舞台化されていますが、宝塚歌劇が「古典芸能ではない」と捉えられていたことが、『源氏物語』との関係性においては幸いしたものと考えられます。

それゆえに、古典芸能の中で最も人気があった歌舞伎が、『源氏物語』を舞台化したのが最後だったのは象徴的な出来事です。

『源氏物語』が歌舞伎座で上演された当時の歌舞伎界は、「劇団制」のもとに興行が催されており、六世尾上菊五郎《おのえきくごろう》のもとに集った若手たちの「菊五郎劇団」、初世中村吉右衛門《なかむらきちえもん》が率いていた「吉右衛門劇団」、二世市川猿之助《えんのすけ》の「猿之助劇団」の三つの劇団が、東京の歌舞伎界の覇を競っていました。劇団制であるために、まとまりが良い一方で、劇団の枠を越えての共演が難しいという問題点もありましたが、『源氏物語』三部作は菊五郎劇団と猿之助劇団の合同公演という形で上演されました。

当時、六世尾上菊五郎はすでに亡くなっており、代わりに、のちに十一世市川團十郎（一九〇九〜六五）を襲名する九世市川海老蔵《えびぞう》がその美貌で人気を集めていました。海老蔵の光源氏に対して、現在の七代目尾上菊五郎の父である七世尾上梅幸《ばいこう》（一九一五〜九五）が桐壺《きりつぼ》の更衣《こうい》・藤壺《ふじつぼ》・玉鬘《たまかづら》・女三《おんなさん》の宮《みや》を演じ、初演にしてすでに「決定版」とも言えるほどの当たりを取りました。豪華な衣裳や華やかな宮廷の舞台装置は

光源氏を演じる九世市川海老蔵（のちの十一世市川團十郎）。写真提供：松竹。

もちろん、光源氏がそこに甦ったかのような海老蔵の美しさに歌舞伎座がどよめいた、と多くの人々がその感激を綴っています。その中には、「ようやく歌舞伎が『源氏物語』を扱えるようになったのだ」という喜びの気持ちが含まれていたことは言うまでもありません。この舞台をきっかけに市川海老蔵の人気がさらに上昇し、「海老さま」の愛称で一躍人気役者となり、ファンの中には「海老を食べない」というほどの人がいる「海老さまブーム」が訪れたのも、『源氏物語』がきっかけの一つでした。

江戸時代には幕府の政策を皮肉るような作品や、歴史上の人物を仮名《かめい》で舞台に登場させ、イメージとは逆の悪役に仕立てるなどの奔放《ほんぽう》さを見せた歌舞伎でしたが、「最後の砦《とりで》」だった王朝物の『源氏物語』の幕を開けた日は、歌舞伎界にとっては記念すべき日だったに違いありません。

●歌舞伎座の戦後再開場●

昭和二十六年(一九五一)一月三日、歌舞伎座で新築開場式が行われました。この歌舞伎座は、創業から数えて「第四期」の歌舞伎座になりますが、戦災で焼けた歌舞伎座が建て直されたこと以上の大きな意味を持っています。それは、物資の不足や、GHQ(連合国軍最高司令官総司令部)の占領下に置かれていた状況の中での再建であり、実質的には「戦後歌舞伎のスタート」とも言えるからです。昭和二十二年（一九四七）から、松竹の社長大谷竹次郎《おおたにたけじろう》は歌舞伎座再建の意志を持ってGHQとの交渉にあたっていましたが、「松竹が歌舞伎座を独占するのは不可」というGHQの方針に阻《はば》まれ、東京都と協議の結果、半分はオペラの上演に充てる「都民劇場歌舞伎座」を建設することでようやく許可を得ました。しかし、まだ物資の不足は深刻で、すぐに大きな劇場を建築できるだけの状況にはありませんでした。こうした問題を乗り越え、舞台間口二十七メートル、大小四台のセリを備え、定員二千六百人という大劇場が完成したのです。

初開場公演は一月五日から二月二十五日までの二ヵ月にわたる五十日間の公演で、中村吉右衛門《なかむらきちえもん》劇団、市川猿之助《えんのすけ》一座に七世坂《ばん》東三津五郎《どうみつごろう》、十六世市村羽左衛門《いちむらうざえもん》、三世中村時蔵《ときぞう》が加わり、『二《に》条城《じょうじょう》の清正《きよまさ》』、舞踊の『文屋《ぶんや》・喜撰《きせん》』、『籠釣瓶花街酔醒《かごつるべさとのえいざめ》』などが上演されています。この公演は大盛況を収めたのと同時に、出演者にも戦後歌舞伎の新しい船出を象徴するメンバーが並びまし

六代目中村歌右衛門の襲名披露の口上姿。写真提供：松竹。

た。当時、戦前の歌舞伎を担って来た初世中村吉右衛門は六十五歳、七世坂東三津五郎は六十八歳、二世市川猿之助は六十二歳、三世中村時蔵は五十五歳。一方、のちに六世中村歌右衛門《うたえもん》を襲名する当時の六世中村芝翫《しかん》は三十四歳、二年前に襲名を終えていた八世松本幸四郎《まつもとこうしろう》は四十一歳。「世代交替」の始まりを観客に印象づけた公演でもあったのです。

開場公演を終え、四月、五月と二ヵ月をかけて、「六世中村歌右衛門」の襲名披露興行が開催されます。これが戦後、歌舞伎座で行われた初の「襲名披露興行」となりました。関西に活動の拠点を置いており、同年三月に大阪歌舞伎座で十三世片岡仁左衛門《かたおかにざえもん》の襲名披露興行を先に済ませていた四世片岡我當《がとう》の襲名披露興行（当時四十七歳）も、九月には東京の歌舞伎座で行われています。それ以降の歌舞伎の動きを辿ると、戦後の歌舞伎を代表する役者だった中村歌右衛門の襲名披露が新開場した歌舞伎座で最初に行われたという事実には、象徴的なものを感じます。こうして新築開場した歌舞伎座では、新しい時代を担う歌舞伎役者の襲名興行や、別項で述べた『源氏物語』の上演などが意欲的に行われ、戦争の傷跡からの脱却を目指しながら、次の世代が歌舞伎を担うきっかけを作ることにもなりました。

平成二十五年（二〇一三）に第五期の歌舞伎座が誕生する折には、中堅からベテラン層へと差し掛かる世代の十八世中村勘三郎《かんざぶろう》、十世坂東三津五郎《ばんどうみつごろう》、十二世市川團十郎らを相次いで喪うという事態が起きました。六十年以上にわたって歌舞伎を支え続けて来た第四期の歌舞伎座は、役者の世代交替に合わせるかのように、また再生を遂げ、二十一世紀の新しい歌舞伎創りへと、その威容を見せています。

●歌舞伎役者が「文化勲章」をもらった日●

毎年、十一月三日の文化の日に「文化勲章」受賞者が発令されます。科学技術や芸術など、日本文化の発展向上にめざましい功績のある者に贈られる勲章で、文化関係の栄典の中では最高位のものです。文化勲章は、日本文化の向上に大きな功績を残した者が選ばれる「文化功労者」の中から、毎年五人程度の受賞者が選ばれるのが慣例となっています（ノーベル賞受賞者が出た場合は、「別枠」になります）。

「文化勲章令」という法律は、昭和十二年（一九三七）二月十一日に制定されました。時の総理大臣廣田弘毅《ひろたこうき》が昭和天皇に上奏《じょうそう》したことに始まりますが、廣田自身は二月十一日を迎える前に総理を辞しています。しかし廣田は、日中戦争が勃発した当時の外務大臣だったこともあり、終戦後の「極東国際軍事裁判」では、軍人以外で唯一、A級戦犯として死刑判決を受けた人物です。

文化勲章の第一回、昭和十二年（一九三七）の受賞者は、物理学の長岡半太郎《ながおかはんたろう》と本多光太郎《ほんだこうたろう》、地球物理学の木村栄《きむらさかえ》、和歌の佐佐木信綱《ささきのぶつな》、小説の幸田露伴《こうだろはん》、洋画の岡田三郎助《おかださぶろうすけ》と藤島武二《ふじしまたけじ》、日本画の竹《たけ》内栖鳳《うちせいほう》と横山大観《よこやまたいかん》の九名です。昭和十三、十四、十六、十七、二十、二十二年と「授章者なし」の年が断続的に続きましたが、それは戦況の悪化、敗戦、その後の混乱が主な原因と考えられます。

芸能関係者が文化勲章の栄誉に浴したのは、昭和二十一年（一九四六）の観世流《かんぜりゅう》能楽師、初世梅若《うめわか》万三郎《まんざぶろう》（一八六九～一九四六）が最初です。この時点では、江戸時代以来の「能楽が歌舞伎よりも格が上」という意識がまだ残っていたのでしょうか。歌舞伎役者の受賞はそれから遅れること三年、昭和二十四年（一九四九）の六世尾上菊五郎《おのえきくごろう》（一八八五～一九四九）まで待たなければなりません。しかし、これは歿後に授与された「追贈《ついぞう》」であり、菊五郎は「橘」をかたどった文化勲章を胸に下げることなく他界しています。菊五郎は栄誉・栄典をことのほか好み、生前、自らの戒名を「芸術院六代菊五郎居士」としようと考え、「日本藝術院」に問い合わせたところ、「『日本』がつかないのであれば……」との許諾を得たとのエピソードが残されています。しかし、皮肉なことに、菊五郎が受賞する前年から、それまでは二月十一日に発令されていたものが十一月三日に変わりました。変更前であれば、歌舞伎役者として存命中の第一号授章者となれたのです。

歌舞伎役者で初の存命中の受賞者となったのは、菊五郎の終生のライバルだった初世中村吉右衛門《なかむらきちえもん》（一八八六〜一九五四）で、昭和二十六年（一九五一）に作家の武者小路実篤《むしゃのこうじさねあつ》、短歌の斎藤茂吉《さいとうもきち》らと共に栄誉に輝きました。

能楽には遅れをとりましたが、歌舞伎も「文化最高の栄誉」の対象となったのです。以降、能楽や義太夫《ぎだゆう》・長唄《ながうた》の演奏者など邦楽も受賞の対象になりますが、吉右衛門の次の歌舞伎界からの受賞は昭和五十四年（一九七九）、昭和の歌舞伎界に君臨した六世中村歌右衛門《うたえもん》まで、実に二十八年間も空きます。

しかし、歌右衛門の受賞以降は、十七世中村勘三郎《かんざぶろう》、初世松本《まつもと》白鸚《はくおう》、二世尾上松緑《しょうろく》など、戦後の歌舞伎を牽引した役者がその功績を認められ、順次受賞することになりました。

その後、演劇の分野で歌舞伎以外の授章者が登場するのは平成三年（一九九一）の森繁久彌《もりしげひさや》（一九一三〜二〇〇九）で、対象分野は「大衆芸能」となっています。その後、女優（演劇部門）では

文化勲章受章時の初世中村吉右衛門。

平成七年（一九九五）に文学座の杉村春子《すぎむらはるこ》（一九〇六〜九七）が受賞の対象となりましたが、「戦争で亡くなった仲間に申し訳ない」「文化勲章は最後にいただくもので、まだ現役を貫きたい」などの理由で辞退。平成十二年（二〇〇〇）の山田五十鈴《やまだいすず》（一九一七〜二〇一二）が女優では初の受賞者となりました。

江戸時代に「河原乞食《かわらこじき》」と蔑《さげす》まれた歌舞伎役者が、明治二十年（一八八七）の「天覧歌舞伎」から六十四年を経て、皇居で天皇自身から勲章を頂くという晴れ舞台へと上り詰めた昭和二十六年十一月三日という日は、歌舞伎関係者には忘れがたい日の一つになったのではないでしょうか。

●「上方歌舞伎」は滅亡したのか●

歌舞伎の入門書などを読むと、「昭和三十年代に入ると、関西での歌舞伎の人気が衰え、徐々に人気を失った。ある役者は東京へ、ほかの役者は映画へと人材も減り、有志による自主公演も行われたが、やがて上方歌舞伎は滅亡した」という内容の記述を目にすることがあります。確かに事実です。しかし、大事ないくつかの理由、中でも「なぜ上方歌舞伎の人気が凋落《ちょうらく》したのか」という問題については、あまり言及されていません。また、建築物のようにはっきりとした形がない芸能に対して、「滅亡」という表現は適切とも思えません。現在も、大阪の松竹座《しょうちく》では歌舞伎の公演が行われていますし、師走恒例の京都南座《みなみ》の「顔見世《かおみせ》大歌舞伎」も行われています。この解説を読んだ方が「今も歌舞伎は関西地方で公演しているではないか」という疑問を抱いた時に、どう説明すればよいのでしょうか。

時系列で少し遡って考えてみることにします。歌舞伎の発達の歴史の中で、元禄期（一六八八〜一七〇四）になると、江戸ではダイナミックなヒーローが悪者を退治する「荒事《あらごと》」が観客に好まれ、その創始者とも言われる初世市川團十郎（一六六〇〜一七〇四）が人気を博しました。一方、京坂ではほぼ同時期に、「傾城買狂言《けいせいかいきょうげん》」と呼ばれる男女の情愛を描いた「和事《わごと》」と呼ばれる作品群が人気を集めました。現代のように二時間半ほどで移動できる交通手段はなく、江戸・大坂間の六百キロに及ぶ距離を隔てて、土地の気風や人々の気質を反映した独自の歌舞伎の演目が育ちました。「江戸の荒事」「上方の和事」と分けられ、それぞれに独自の発達を見たのです。

時代の変化と共に移動や情報のやり取りも楽になりましたが、今でも関東と関西では「お笑い」の芸風が違うように、土地に根づいた文化や感覚は捨てがたいものです。幕末から明治にかけても、上方には上方の人気役者、二世尾上多見蔵《おのえたみぞう》（一八〇〇〜八六）、八世片岡仁左衛門《かたおかにざえもん》（一八一〇〜六三）、四世市川小團次《こだんじ》（一八一二〜六六）などを抱え、大坂道頓堀《どうとんぼり》には弁天《べんてん》座・朝日《あさひ》座・中《なか》座・浪花《なにわ》座・角《かど》座の「道頓堀五座」が軒を並べていました。昭和初期には若い女性の人気を集め、「ガンジロはん」と呼ばれた初世中村鴈治郎《がんじろう》（一八六〇〜一九三五）、個性的な芸風で名人と呼ばれた十一世片岡仁左衛門（一八五八〜一九三四）が、京阪の歌舞伎人気を二分し、お互いの贔屓《ひいき》同士が喧嘩になるほどの盛り上がりを見せました。昭和十年（一九三五）に中村鴈治郎がその生涯を閉じ、残された歌舞伎役者が京阪の歌舞伎を支えましたが、戦後、関西の人気役者の相次ぐ死や新しい芸能の登場で、急速に関西での歌舞伎の人気が衰え始めたのです。

　そのような中で、昭和二十七年（一九五二）、近松門左衛門《ちかまつもんざえもん》の『曾根崎心中《そねざきしんじゅう》』を、劇作家の宇野信《うののぶ》夫《お》が新たにテキストレジーを行い、東京の新橋演舞場で復活上演しました。これが爆発的なヒットを呼び、演じた二世中村鴈治郎（一九〇二〜八三）と二代目中村扇雀《せんじゃく》（一九三一〜。現在の四代目坂田藤十《さかたとうじゅう》郎《ろう》）の父子は絶賛を浴び、美貌の若き女形「扇雀ブーム」が到来します。しかし、翌二十九年（一九五四）には上方歌舞伎の重鎮だった三世阪東壽三郎《ばんどうじゅうざぶろう》（一八八六〜一九五四）が六十八歳でその生涯を閉じ、さらに翌年には鴈治郎父子が揃って松竹を離脱、映画界に転身しました。扇雀が再び歌舞伎の世界に戻るのは、それから九年後、昭和三十八年（一九六三）のことです。鴈治郎父子が歌舞伎を離れた翌年、大阪梅田に「梅田コマスタジアム」が開場します。しかし、ここは東宝系の劇場で、歌舞伎の公演とは縁遠い場所でした。関西歌舞伎のスターが抜け、その翌年に歌舞伎を一手に掌握する松竹のライバル・東宝が大劇場を開場、ミュージカルや喜劇など、バラエティに富んだラインアップでの公演を始めたのです。同様に、劇場名には「歌舞伎」の名が冠されているものの、歌舞伎は年に一回程度しか上演されない「新歌舞伎座」が昭和三十三年（一九五八）に大阪難波《なんば》に開場し（現在は上本町に移転）、女優やタレントを中心とした公演に力を注ぎました。一方では、大阪で生まれ、成熟を遂げてきた「文楽《ぶんらく》」が、相次ぐ名人の死や引退によって徐々に人気を失っていきます。

　こうした歌舞伎の内部・外部で起きた事象の一つ一つが、徐々に「上方歌舞伎」に影響を与え、客足が遠のいたのです。東京に比べて劇場の数や年間の上演月数が少ないところへ、新たな「風」を感じさせる当時の流行が押し寄せたことが、関西での歌舞伎に大きなダメージを与えました。東京では相変わらず盛んに歌舞伎公演が行われていたにもかかわらず、関西の歌舞伎役者が上京して歌舞伎座へ出演する機会も減ることになりました。

　さらに、関西を拠点に活動していた役者たち、八世市川雷蔵《らいぞう》（一九三一〜六九）のように映画へ転身する者もいれば、昭和二十年代後半に中村扇雀と共に上方で「扇鶴時代《せんかくじだい》」と呼ばれるブームを作った四世坂東鶴之助《ばんどうつるのすけ》（一九二九〜二〇一一。のちの五世中村富十郎《とみじゅうろう》）、六世坂東蓑助《みのすけ》（一九〇六〜七五。のちの八世坂東三津五郎《みつごろう》）など、東京へ拠点を移す人々も少なからず出てきました。歌舞伎の公演がほとんどない関西に身を置いていては、生活が成り立たないからです。

櫛の歯が抜けるように衰えてゆく上方歌舞伎に歯止めをかけようと、二世中村鴈治郎、十三世片岡仁左衛門、十三世片岡我童《がどう》（一九一〇～九三。のちに十四世片岡仁左衛門を追贈）、二世林又一郎《はやしまたいちろう》（一八九三～一九六六）、高砂屋《たかさごや》五世中村福助《ふくすけ》（一九一〇～一九六九。筆者注：当時、東京にも同名の「中村福助」がおり、屋号で区別を付けていた）、三世實川延若《じつかわえんじゃく》（一九二一～九一）、二代目中村扇雀（現在の四代目坂田藤十郎）の七人の有志が「七人の会」を結成、昭和三十三年（一九五八）から三十六年（一九六一）まで三回にわたって公演を行いましたが、採算や取り上げる演目、配役などの問題で自然消滅しました。関西在住の歌舞伎役者が危機感を持っていたことは、この試みでもわかります。蠟燭の灯が細るように、関西での歌舞伎はいろいろな要素が重なってその輝きを失っていったのです。

その後、のちに上方歌舞伎の孤塁を守ることになる十三世片岡仁左衛門は、昭和三十七年（一九六二）に、私財を擲《なげう》って道頓堀の朝日座で「仁左衛門歌舞伎」を始めました。「とにかく舞台の上で科白が言いたかった。芝居がしたかった」と述懐した仁左衛門の想いは関西の人々を動かし、大入り満員の公演が続いて一定の成果を上げますが、公演期間も短い個人の公演に松竹が手を差

上方歌舞伎の再興に賭ける十三世片岡仁左衛門『夏祭』の団七。写真提供：松竹。

し延べることはなく、昭和四十二年（一九六七）の京都南座の公演で終止符を打つことになるのです。

ここで、江戸時代以来連綿と続いていた「上方歌舞伎」の水脈は一旦途切れたかに見えました。歌舞伎の入門書では、これを「上方歌舞伎の滅亡」と述べています。しかし、「仁左衛門歌舞伎」が幕を閉じてから十二年後の昭和五十四年（一九七九）に、二代目澤村藤十郎《さわむらとうじゅうろう》（一九四三〜）が「関西で歌舞伎を育てる会」を自主公演として開催、平成四年（一九九二）には「関西歌舞伎を愛する会」と改称して、関西を拠点にしている坂田藤十郎の子息の四代目中村鴈治郎（一九五九〜）、弟の三代目中村扇雀（一九六〇〜）、十三世片岡仁左衛門の子息の五代目片岡我當（一九三五〜）、二代目片岡秀太郎《ひでたろう》（一九四一〜）、十五代目片岡仁左衛門（一九四四〜）の三兄弟、六代目片岡愛之助《あいのすけ》（一九七二〜）、片岡孝太郎《たかたろう》（一九六八〜）、中村壱太郎《かずたろう》（一九九〇〜）らをはじめとして、東京からは十七世中村勘三郎《かんざぶろう》、十八世中村勘三郎、十二世市川團十郎、七代目尾上菊五郎《おのえきくごろう》、九代目松本幸四郎《まつもとこうしろう》、二代目中村吉右衛門《きちえもん》などの人気役者が応援に駆けつけるようになりました。現在は、「上方歌舞伎塾」を松竹が主宰し、かつての上方の風情や匂いを持った歌舞伎の復興を目指しています。一度は滅びたかに思える上方歌舞伎は、新しい形で次の時代への復権を目指しているのです。

●「市川團十郎」という名前が持つ神性●

昭和三十七年（一九六二）四月、五十九年ぶりに「市川團十郎」の名が復活しました。九世市川海老蔵《えびぞう》（一九〇九〜六五）が待望久しかった声を受けて十一世を襲名したもので、華やかな美貌で人気の「海老さま」が『勧進帳《かんじんちょう》』などで江戸歌舞伎の大名跡《だいみょうせき》、「市川團十郎」の名を歌舞伎界に甦らせました。しかし、当時「一億円の襲名披露」と言われた襲名披露興行を終えてわずか三年半、五十六歳の若さで歿してしまうことになります。その子息が十二世市川團十郎（一九四六〜二〇一二）の名を継いだのは、昭和六十年（一九八五）。歌舞伎座で三ヵ月（四〜六月）の襲名披露興行が執り行われるまでの二十三年間、「市川團十郎」の名はファンの待望久しいままに空席となっていました。

「市川團十郎」の名が、殊更大きく扱われるのはなぜでしょうか？　初世市川團十郎（一六六〇〜一七〇四）は、「江戸っ子の守り本尊」とも呼ばれ、元禄期（一六六八〜一七〇四）の江戸歌舞伎を代表する役者として人気を集めました。悪者をヒーローが退治する「荒事《あらごと》」を完成させ、上方《かみがた》で男女の情愛を描いた「傾城買狂言《けいせいかいきょうげん》」の「和事《わごと》」と対比される勇壮な歌舞伎を創り上げました。江戸の市村座《いちむら》で『わたまし十二段《じゅうにだん》』という作品に出演中、共演の生島半六《いくしまはんろく》（?〜一七〇四）に刺されて非業の死を遂げましたが、刺された理由は不明です。市川團十郎は千葉県の成田山新勝寺《なりたさんしんしょうじ》に近い場所で生まれたことから成田山への信仰が篤く、屋号の「成田屋」も成田山に由来しています。

初世の長男で二世市川團十郎（一六八八〜一七五八）は十七歳で二世を継ぐことになりました。当初は力不足に悩んだものの、正徳三年（一七一三）には『花館愛護桜《はなやかたあいごのさくら》』で「助六《すけろく》」を演じ、これが人気役へのきっかけとなり、享保六年（一七二一）には「千両役者」となっています。五世市川團十郎（一七四一〜一八〇六）は、東洲斎写楽《とうしゅうさいしゃらく》の浮世絵のモデルにもなっている役者で、「白猿《はくえん》」「花道のつらね」などの俳名や狂歌名を持つインテリでもありました。

在りし日の十一世市川團十郎。写真提供：松竹。

七世市川團十郎（一七九一〜一八五九）は天保三年（一八三二）に、今に残る『歌舞伎十八番』を制定、九世市川團十郎（一八三八〜

一九〇三）は、江戸から明治へと時代が大きな変化を遂げた中で、近代演劇の思想を取り入れ、のちに「劇聖《げきせい》」と呼ばれるなど、市川團十郎家からは歌舞伎に大きな功績を残した役者が何人も出ています。折々の團十郎は、エネルギッシュで超人的な役を演じ、江戸・東京の人々にとってのヒーローの象徴とも言える役者でした。そうしたことから、「團十郎に抱っこされた赤ん坊は風邪を引かない」など、力士と同じようなエピソードが生まれました。これは、代々の市川團十郎が積み上げて来た功績が江戸っ子の誇りでもあったからでしょう。

ところで、「松本幸四郎《まつもとこうしろう》家」は、子息は違う苗字の「市川染五郎《そめごろう》」を名乗っています。これは「市川團十郎家」との深い関わりを示すもので、二世松本幸四郎（一七一一〜七八）は四世市川團十郎を名乗ったあとに二世幸四郎を襲名しています。同様に、三世松本幸四郎（一七四一〜一八〇四）も五世市川團十郎を名乗ったあと、市川蝦蔵《えびぞう》を名乗っています。これほど深い関係性にある両家の間で、万が一市川團十郎家に跡継ぎがいなかった場合に、松本幸四郎家から養子に入って市川團十郎を名乗れるように、父子でありながら「松本」「市川」と姓が違うのです。このようなシステムを持つ歌舞伎の家はほかにはなく、「市川團十郎」の名が、江戸初期からいかに大切にされていたかを示すものです。幸い、現在の市川團十郎家には跡を継ぐべき市川海老蔵がいますが、江戸時代からこうした関係性を苗字で示し、松本幸四郎家がサポートする関係で「市川團十郎」の名跡は守られているのです。十一世市川團十郎も、七世松本幸四郎（一八七〇〜一九四九）の長男が市川家へ養子に入り襲名した名前で、両家の関係性の深さを物語っています。

●映画へ転身した歌舞伎役者●

現在、日本の映画界も演劇界も苦境に立たされていると言ってもよいでしょう。映画鑑賞の人口は、今上天皇の皇太子時代、ご成婚の中継を観るためにテレビの購入数が飛躍的に伸びたことで半分になり、昭和三十九年（一九六四）の東京オリンピックの中継でさらに半分になったと、ある映画監督から聞いたことがあります。以降、低迷が続いていましたが、最近はヒット作の連発で盛り返してきているようです。映画が低迷期に入った理由はテレビの普及です。しかし、それまでの庶民の娯楽の王座は、生《なま》の演劇以外では「映画」が長らく不動の地位を占めていました。

門閥《もんばつ》外の歌舞伎役者から映画へ転身して成功を収めた人もおり、名門の御曹司でも映画界へ移籍した役者はいます。別項でも述べましたが、日本映画の草創期にあっては、圧倒的に「チャンバラ映画」が多く、即戦力となるのは立ち回りができて着物の着こなしがうまい歌舞伎役者だったのです。

昭和二十年代から三十年代にかけて、二枚目の代名詞でもあった長谷川一夫《はせがわかずお》（一九〇八～八四）は、一般家庭に生まれて、八歳で初世中村鴈治郎《なかむらがんじろう》（一八六〇～一九三五）の門弟になり、女形《おんながた》としてそれなりの人気を得ていましたが、十九歳の時に、その美貌を認めた大阪松竹の白井松次郎《しらいまつじろう》の要請によって「林長二郎《はやしちょうじろう》」の名で映画界入りし、昭和二年（一九二七）に『稚児《ちご》の剣法《けんぽう》』で映画デビューを果たしました。途端に人気が沸騰し、一躍スターにのし上がりました。その人気ぶりは、昭和十二年（一九三七）に松竹から東宝へ移籍する際の揉め事が原因で暴漢に襲われ、役者の命とも言うべき顔に生涯残る傷を付けられ、大事件となったことに象徴されます。昭和三十年（一九五五）からは東京宝塚劇場を本拠地として「東宝歌舞伎」を主宰し、一時は松竹の歌舞伎顔負けの人気を博し、生涯二枚目を貫いた役者です。

同様に、歌舞伎から映画界入りして一家を成した役者には、「阪妻《ばんつま》」の略称で愛された阪東妻三郎《ばんどうつまさぶろう》（一九〇一～五三）、市川《いちかわ》右太衛門《うたえもん》（一九〇七～九九）、片岡千恵蔵《かたおかちえぞう》（一九〇三～八三）、嵐寛《あらしかん》

市川雷蔵のみごとな美男子ぶり。

寿郎《じゅうろう》（一九〇二～八〇）らがいます。いずれも、歌舞伎界の出身です。もう少し時代が下ると、二世大川橋蔵《おおかわはしぞう》（一九二九～八四）や八世市川雷蔵《らいぞう》（一九三一～六九）の名を挙げることができます。

注目に値するのは、大川橋蔵も市川雷蔵も「初代」ではなく、歌舞伎界で由緒ある名跡《みょうせき》を名乗っていたことです。雷蔵は二十歳で三世市川壽海《じゅかい》（一八七六～一九七二）の養子となり、歌舞伎役者の道を歩んでいましたが、壽海の「御曹司扱いはしない」という方針で、大部屋での修行を重ねていました。二十三歳の時に大映《だいえい》へ移籍、翌昭和二十九年（一九五四）に『花《はな》の白虎隊《びゃっこたい》』でスクリーンデビュー、昭和三十年代に黄金期を築きました。そのまま歌舞伎に戻ることはなく、昭和四十四年（一九六九）、父壽海よりも二年早くに三十七歳の短い生涯を終えました。

大川橋蔵も尾上菊五郎《おのえきくごろう》家では大きな名跡で、六世尾上菊五郎（一八八五～一九四九）夫人の養子となり、夫人の実家の姓を継いだほど将来を嘱望されていました。これほど恵まれた立場でも、歌舞伎界の行く末への不安が大きかったのでしょう、人気が沸騰していた映画へと進出したのです。この二人の映画界への移籍は、歌舞伎界にとっては大きな打撃でした。それればかりか、歌舞伎の名優として人生を全うした二世中村鴈治郎《なかむらがんじろう》（一九〇二～八三）や、四世中村雀右衛門《じゃくえもん》（一九二〇～二〇一二）も、時期は違いますが映画へ移籍し、大きな足跡を残しています。それほどに映画に勢いがあり、一方では歌舞伎の未来が不安視されていたということでしょう。

今は芸能におけるジャンルの垣根が意味を持たなくなりました。しかし、戦前までは「一度映画へ出たら二度と歌舞伎の舞台は踏めない」という強い覚悟を持たなければ、歌舞伎役者が歌舞伎以外の世界へと転身することはできなかったのです。

●国立劇場が目指したもの●

平成二十八年（二〇一六）、千代田区半蔵門《はんぞうもん》の国立劇場《こくりつげきじょう》は開場五十周年を迎えました。記念すべき節目に相応しく、歌舞伎の三大名作の一つである『仮名手本忠臣蔵《かなでほんちゅうしんぐら》』を、十月から十二月までの三ヵ月をかけて、普段は上演されない場面も含めて「完全上演」しました。休憩時間を含む上演時間は、トータルで約十五時間を超えるもので、国立劇場でなければできない独自性を見せました。

昭和四十一年（一九六六）に国立劇場が開場した時、大きな方針が二つ掲げられていました。一つは「埋もれている古典演目の復活」、もう一つが「通し上演を中心とした作品の上演」です。事実、開場記念の公演は『菅原伝授手習鑑《すがわらでんじゅてならいかがみ》』を二ヵ月に分けての通し上演でした。昭和四十六年（一九七一）

の開場五周年記念には大佛次郎《おさらぎじろう》作の『戰國《せんごく》の人々《ひとびと》』、昭和五十一年（一九七六）の十周年記念には十月、十一月の二ヵ月で『義経千本櫻《よしつねせんぼんざくら》』の通し上演、昭和五十六年の十五周年記念には十月、十一月の二ヵ月で『菅原伝授手習鑑』の通し上演と、開場以来十五年の間に歌舞伎の三大名作の完全上演を行いました。また、昭和六十一年（一九八六）にも十月からの三ヵ月間で二度目の『仮名手本忠臣蔵』の通し上演を行っています。

一方、「古典劇の復活」という点では、昭和五十五年（一九八〇）に『貞操花鳥羽恋塚《みさおのはなとばのこいづか》』、昭和五十六年には『日本第一和苅神事《にっぽんだいいちめかりのじんじ》』、『けいせい濵真砂《はまのまさご》』、平成三年（一九九一）には『袖簿播州廻《そでにっきばんしゅうめぐり》』、平成七年（一九九五）には『梅照葉錦伊達織《うめもみじにしきのだており》』などを復活上演しています。「〇〇〇年ぶりの復活上演！」という意義は評価に値しますが、歌舞伎の作品として面白いかどうかという点では首を傾げざるを得ない舞台があったのも事実です。

この点に「国立劇場」という名前の劇場が担わされた義務と意義を感じる一方、すべての歌舞伎役者が松竹に専属の状態で、自前の歌舞伎役者を持たない歌舞伎劇場の苦悩をも垣間見ることができます。

正倉院の校倉造りを模した国立劇場の外観。写真提供：国立劇場。

そうした中で、平成八年（一九九六）に三代目市川猿之助《えんのすけ》（一九三九〜。現在の二代目市川猿翁《えんおう》）が四世鶴屋南北《つるやなんぼく》の作品を復活した『四天王楓江戸粧《してんのうもみじのえどぐま》』は、上演時間が休憩を抜いても七時間を超えるという大作で、全部を観るためには通して上演する日に頑張って観るか、各部ごとに足を運んで完結という上演方法でした。しかし、猿之助がそれまでに培った感覚で、江戸時代後期の歌舞伎の上演方法をそのまま踏襲した上演方法での舞台は話題となりました。

国立劇場は、歌舞伎や人形浄瑠璃（文楽《ぶんらく》）などの古典芸能の上演のほかに、歌舞伎役者やお囃子《はやし》などの歌舞伎音楽、人形浄瑠璃の演者の養成機関を備えています。これは古典芸能の継承という点で大変意義のある事業である一方、養成した歌舞伎役者をすべて松竹へ送り出しているのが現状です。歌舞伎界全体を支える、という点では大いに役立っていますが、門閥外から入ってくる若者とて、脇役で一生を終える前提で役者を目指しているわけではありません。

理想を言えば、市川猿之助一門のように、最初は無名でも本人の努力と技量次第で大きな役に抜擢し、舞台の経験を積めるようなシステムがあれば、歌舞伎の面白さはもっと豊かなものになるのではないでしょうか。十年、あるいは二十年という長い歳月を要するでしょうが、国立劇場自身が松竹に対抗し得る歌舞伎の「劇団」を持ち、国立劇場所属の役者だけで舞台の幕が開けることがあってもよいのではないでしょうか。場合によっては松竹の歌舞伎役者にゲスト出演の形で指導を仰ぐことができれば、確実に歌舞伎の活性化を促す一つの材料になるでしょう。
しかし、それは「夢のまた夢」なのかもしれません。これが可能になれば、「門閥外」の御曹司でなくとも歌舞伎役者として一流の場所に座ることができるのですが、簡単にできるものなら、私などが言う前にすでに行われているでしょう。歴史が長ければ長いほど、破らなくてはいけない壁も厚みを増すものです。

しかし、開場以来半世紀という大きな節目を迎えた国立劇場は、「古典芸能の継承と保存」に加えた新しい展望を持たなくてはならない時期に差し掛かっているのも事実です。今後の歌舞伎界でどのような役割を担うのか、要求されるハードルは高いですが、それは国立劇場だけの問題でも責任でもありません。歌舞伎界全体が、この問題をどう考え、向き合うかにかかっています。歌舞伎界が変わるには、劇場へ足を運ぶ観客の声が大きな影響を与えます。多くの意見の中には、劇場が参考にすべきこともたくさんあるでしょうし、歌舞伎を応援してくださる方々の貴重な声を、もっと積極的に形にできるチャンスを、興行側も模索しているはずです。それが発展して具体的な形になる日が一日も早く来ることを願っているファンは多いでしょう。

●人気を博した「小芝居」の最後●

別項で「上方歌舞伎の滅亡」について述べましたが、東京ではっきりと滅亡したと言えるのが「小《こ》芝居《しばい》」と呼ばれていた歌舞伎です。江戸時代、歌舞伎の興行は幕府の許可を得た者しか行うことができませんでした。正式に認可を受けた芝居小屋は江戸では四座しかなく、正徳四年（一七一四）に「山村座《やまむらざ》」が廃絶されてからは、「中村座《なかむらざ》」「森田座《もりたざ》」「市村座《いちむらざ》」の「江戸三座《さんざ》」だけになりました。この三座が、経済的に興行できないなどの時のために、臨時に公演を行える「控櫓《ひかえやぐら》」と呼ばれるものが、それぞれの座にありました。

これら公認の芝居とは別に、許可を受けていない代わりに超一流の役者も出ない芝居が、主に寺院や神社の境内で行われ、これらは「宮地芝居《みやちしばい》」、「草芝居」などと呼ばれました。これらは「廻り舞台」や劇場ごとに三色に染め分けた「引き幕」などの使用を禁止され、緞帳《どんちょう》を使用していたために、「緞帳芝居」とも揶揄《やゆ》されました。今は、緞帳のほうが遥かに豪華な気がしますが、昔の緞帳は今のように手の込んだ細工で作られた品ではなく、薄い布一枚がほとんどでした。こうした芝居が「小芝居」

と呼ばれ、幕府公認ではないものの、各地で気軽に観られたことから、それなりの人気を博していたのです。

こうした規制は明治六年（一八七三）に廃止されますが、その後も、いわゆる「大歌舞伎《おお》」の檜舞《ひのき》台を踏めない、あるいは歌舞伎の世界をなんらかの理由で出た役者たちによって、各地で「小芝居」が上演されました。歌舞伎座のような大きな劇場では大きな役は付かないものの、「腕に覚えあり」の役者たちが揃って歌舞伎を演じ、研鑽《けんさん》を重ねる舞台は、それなりの人気を得ていたのです。「小芝居」は料金が安く、気軽に観に行くことができたのも人気の一つでしょう。大雑把な比較になりますが、現在の歌舞伎座の一等席一万八千円に対して、「小芝居」は、衣裳や道具は多少貧弱でも、二千円から三千円ぐらいでほぼ同じ時間、演目を楽しむことができました。これは、庶民の大きな味方です。値段が安く、多少のアラが目立ったとしても、芝居のあらすじ自体が変わるわけではありません。

試みに、ある劇場での演目を並べてみましょう。昭和三十一年（一九五六）二月のものです。『伊賀《いが》越道中双六《ごえどうちゅうすごろく》』より『沼津《ぬまづ》』、『心中天網島《しんじゅうてんのあみじま》』より『河庄《かわしょう》』、『三人吉三《さんにんきちざ》』。時代世話物、上方狂言、江戸世話物と、歌舞伎座の演目にも劣らない作品が並んでいます。しかし、こうした「小芝居」の劇場も、時代と共に徐々に影を潜めていきました。芸能内部の要因としては、明治期に入り、本家本元の「大歌舞伎」がその時々に人気役者を得て盛り上がりを見せたことに加え、安価に観られる新派《しんぱ》や剣劇《けんげき》、新劇《しんげき》など、他ジャンルの演劇が台頭してきたことです。のちには、映画や寄席《よせ》、ラジオ、テレビなどの娯楽にも観客を奪われていきました。外的な要因は、大正十二年（一九二三）九月一日に、東京下町へ甚大な被害を与えた「関東大震災」による劇場の消滅と、昭和二十年（一九四五）三月十日をはじめとするアメリカ軍の大空襲による劇場の焼失です。

最後まで活動を続けたのは、本拠地を転々としながらも、浅草の松屋デパートの中で活動を続けた「かたばみ座」（劇場名も劇団名も一時期は同じ）で、最後の小芝居は昭和四十四年（一九六九）にその幕を降ろしました。この、小芝居の消滅と共に上演されなくなった演目も、実は少なくありません。明治以降、昭和四十四年までの間に興行を打っていた東京の小芝居の劇場を、いくつか挙げておきます。

・日本橋蛎殻町《にほんばしかきがらちょう》・中島座（明治六年〜二十年）
・四谷・桐座（明治六年〜二十一年）

かたばみ座は浅草松屋六階の「すみだ劇場」で公演していた。

・日本橋・真砂座《まさご》（明治二十六年～大正六年）
・下谷・柳盛座《りゅうせい》（明治十五年～大正十二年）
・駒形・浅草座（明治二十五年～大正十二年）
・麻布・南座（大正八年～十三年）
・浅草・観音劇場（大正六年～昭和九年）
・浅草・宮戸座《みやと》（明治二十年～昭和十二年）
・浅草・公園劇場（大正六年～昭和十五年）
・神田・三崎座《みさき》（明治二十四年～昭和二十年）
・本所緑町・寿座《ことぶき》（明治三十一年～昭和二十年）
・四谷・大国座《だいこく》（大正六年～昭和二十年）
・浅草六区・松竹座（大正二年～昭和二十三年）
・麻布・森元座《もりもと》（昭和十年～二十五年）
・かたばみ座（昭和二十五年～四十四年）

詳細が不明な劇場を含めれば、この倍以上の数がありました。中には、明治末期に坪内逍遥《つぼうちしょうよう》の作品を初演した「本郷座《ほんごう》」や、菊五郎劇団の名脇役として名を馳せた三世尾上多賀之丞《おのえたがのじょう》（一八八九～一九七八）が一時本拠地にしていた宮戸座など、一流の劇場にも匹敵する劇場があり、「かたばみ座」などは、ＮＨＫが舞台中継を行うほどの人気を誇った時期もありました。庶民の娯楽である歌舞伎に、「本格」ではないにせよ、これだけの劇場が存在し、公演を行っていたことがあまり知られていないのは惜しいことです。

これらの小芝居は姿を消しましたが、現在、同様の役割を担っているのが「大衆演劇」と呼ばれる、演芸場や各地の温泉センターなどで行われている演劇の公演です。芝居あり、歌謡ショーあり、舞踊《ぶよう》ありの盛りだくさんな内容、低廉な料金で観客を集めており、若い座長もどんどん出ています。しかし、残念ながら全国的な広がりや、東京での公演が増えるなどの現象は起きていません。理由はいくつか考えられますが、低価格で観劇できるようにと、脚本や大道具などが疎かになる場合や、舞踊や邦楽などの本格的な修行を積んでいない役者も多く、「芸」や「芝居」ではなく、その時に人気がある「役者」の魅力を目的とした観客が多いことも原因の一つでしょう。しかし、一定の熱狂的なファンによって支えられているため、興行としては成立しています。

歌舞伎との決定的な違いは、「花道が常設されている劇場」へは出演しないことです。それが江戸時代とは違う意味での「線引き」なのかもしれません。

●歌舞伎不入りの時代●

平成二十八年（二〇一六）時点で、毎年一回以上の歌舞伎の公演が行われる劇場は、東京では歌舞伎座をはじめ、新橋演舞場、浅草公会堂、明治座、国立劇場、シアターコクーンなど、東京以西では、名古屋は平成三十年（二〇一八）四月に再開場の柿落《こけら》としを歌舞伎で行う御園《みその》座、改築中（平成二十九年十二月現在）の京都南《みなみ》座、大阪松竹《しょうちく》座、福岡博多座、香川県で江戸以来の形式を保つ金丸《かなまる》座と、十を超えます。また、兵庫県豊岡市の「永楽館《えいらくかん》歌舞伎」、熊本県山鹿市の「八千代《やちよ》座」など、地方の古い芝居小屋を利用しての公演も行われています。東京以北では歌舞伎の常打《じょうう》ち劇場はありませんが、歌舞伎は各地で活況を呈しているようです。地方に関して言えば、毎年「公文協《こうぶんきょう》」と呼ばれる「公益法人全国公立文化施設協会」の地方公演が夏に組まれ、「東コース」「西コース」「中央コース」など、各班に分かれて各県の公民館や公立のホールなどを中心に、それぞれ約一ヵ月の地方公演が行われています。

しかし、三十年以上歌舞伎を観続けているファンであれば、歌舞伎の本拠地である歌舞伎座で年間十二ヵ月の歌舞伎公演が行えなかった時期があったことを知っている方々も少なくはないでしょう。昭和五十年代、歌舞伎は今では考えられないほどの人気低迷に喘《あえ》いでいました。その理由はどこにあったのでしょうか。それは、「歌舞伎以外」に多くの人気を集めている芸能があり、そちらに観客を奪われてしまったからです。

テレビドラマ『銭形平次《ぜにがたへいじ》』で一時代を築いた大川橋蔵《おおかわはしぞう》（一九二九～八四）については別項でも述べましたが、テレビの枠を維持しながら、昭和四十二年（一九六七）から昭和五十七年（一九八二）まで、十五年以上にわたって毎年十二月に座長公演を歌舞伎座で行っていました。年にもよりますが、八月は劇団新派《しんぱ》、歌手の三《み》波春夫《なみはるお》や村田英雄《むらたひでお》の座長公演、さらに六月は萬屋錦之助《よろずやきんのすけ》の座長公演など、「歌舞伎以外の公演」が年間二～三ヵ月を占めていた時期が続いていたのです。その間、若手あるいは花形と呼ばれる当時の片岡孝夫《かたおかたかお》（現在の十五代目片岡仁左衛門《にざえもん》）、十世市川海老蔵《えびぞう》（のちの十二世市川團十郎）、五代目坂東玉三郎《ばんどうたまさぶろう》らの公演が、「孝玉《たかたま》コン

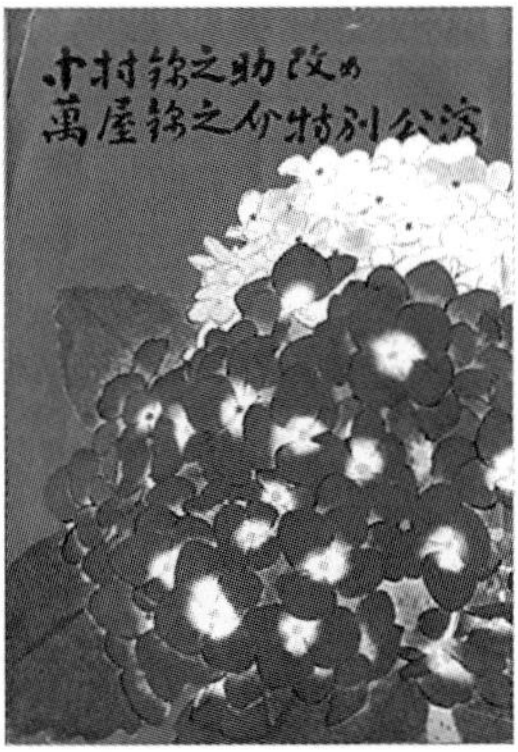

昭和四十八年（一九七三）に歌舞伎座で公演された萬屋錦之助の特別公演プログラム。

ビ」、「海老玉《えびたま》コンビ」などの名で親しまれ、歌舞伎座のすぐ傍らにある新橋演舞場で多くの若い観客を集めた月もありました。当時の若手が新橋演舞場で実績を上げても、それが歌舞伎座へそのまま引っ越して公演を打つことはできませんでした。また、昭和五十年代には、三代目市川猿之助《えんのすけ》（現在の二代目市川猿翁《えんおう》）が明治座を中心に早替わりや宙乗りなどのスペクタクルを見せ場にした『伊達《だて》の十役《じゅうやく》』、『當世流《とうりゅう》小栗判官《おぐりはんがん》』、『重重人重小町桜《じゅうにひとえこまちざくら》』など、のちに自らが昭和六十三年（一九八八）に『猿之助《えんのすけ》十八撰《じゅうはっせん》』として残すことになる作品群を上演し、人気を集めていました。

この間、歌舞伎座では六世中村歌右衛門《なかむらうたえもん》、十七世中村勘三郎《かんざぶろう》、八世松本幸四郎《まつもとこうしろう》、二世尾上松緑《おのえしょうろく》、七世尾上梅幸《ばいこう》など、戦後の歌舞伎を背負ってきた大幹部が顔を揃え、贅沢な大舞台を見せていたにもかかわらず、観客席には閑古鳥《かんこどり》が鳴いていました。今では信じられない話ですが、インターネットなどで手軽にチケットを買えない時代のこと、前売り券を買うか、当日に空席の有無を歌舞伎座へ確認の電話をしてから出掛けることになります。私の経験では、新聞広告などであらかじめ「貸し切り」とされている日以外は、直接出掛けてその場で切符が買えなかったことは数回しかありませんでした。その場合でも、「一幕見席」に今のような長蛇の列を作らずとも、すんなり入れました。

私が高校生の頃、昭和五十三年（一九七八）から五十五年（一九八〇）にかけて、歌舞伎座の空席が目立つ三階席に座っていると、「若いのに奇特な……」という意味の声を掛けられたことが一度ならずあります。歌舞伎は「老人が観るもの」と世間が決めつけていた時代でもあり、「見巧者《みごうしゃ》」と呼ばれる昔からの観客は、当時の大幹部と共に年齢を重ねてゆくことを楽しみの一つにしていました。そして昭和六十年(一九八五)、十二世市川團十郎襲名をきっかけに、「歌舞伎ブーム」が到来します。戦前の歌舞伎を担った名優、六世尾上菊五郎《おのえきくごろう》(一八八五〜一九四九)、初世中村吉右衛門《きちえもん》(一八八六〜一九五四)の相次ぐ死から約三十年、昭和の大幹部たちは自身の技芸を磨きながら、次の世代を担い、なおかつ観客を集めてくれる若手たちの登場を待たなくてはなりませんでした。

ともすれば、日本の伝統芸能たる歌舞伎はずっと上演され続けてきたかのような錯覚を覚えますが、ブームが起きればやがては衰退します。「ブームではない」時代のほうが遥かに長く、次にいつ来るかわからないブームを待ちながらも、歌舞伎の伝統芸を維持し、次世代へ継承しようとした役者たちの努力を見過ごして歌舞伎の歴史を語ることはできません。どの時代もそうですが、歌舞伎が一番恐れなくてはならないのは、高尚な芸能に祭り上げられ、博物館のショーケースの中に入れられてしまうことです。その瞬間に、芸能としての歌舞伎は庶民の娯楽から離れ、躍動感を失うことになるのです。幸い、今はまだその心配はなさそうですが、安心した時が一番恐ろしいのも事実です。

●昭和の名優たちの落日●

昭和という日本史上で最も長く続いた元号は、その終焉を迎える前年から、昭和天皇の病状悪化を多くの国民が憂いている中、年が改まって間もなく終わりを告げました。昭和六十四年（一九八九）一月七日のことで、すぐに新しい元号「平成」が発表されました。この頃、昭和の歌舞伎界を支えてきた名優たちも、昭和天皇と共に大きな落日を迎えようとしていました。昭和六十三年（一九八八）の時点で、「大幹部」と呼ばれていた役者たちはどのような状況にあったのでしょうか。

女形《おんながた》でありながら、名実共に歌舞伎界のトップであり、文化勲章などの栄誉をすべて手中に収めた六世中村歌右衛門《なかむらうたえもん》（一九一七〜二〇〇一）は、この時七十一歳。大幹部の中では最も若かったものの、体力の衰えを隠すことはできませんでした。舞台も休演が多くなり、平成八年（一九九六）四月に歌舞伎座へ出演し、『井伊大老《いいたいろう》』のお静《しず》の方《かた》を演じたのが本興行への最後の出演となります。その後は療養生活に入り、平成十三年（二〇〇一）に八十四歳で歿しました。

歌右衛門のよきライバルだった七世尾上梅幸《おのえばいこう》（一九一五〜九五）は、この時七十三歳。歌右衛門に比べれば元気でしたが、歌右衛門よりも五歳若い七十九歳で平成七年（一九九五）にその生涯を閉じることになります。歌右衛門より早い死ではあったものの、幸い長い療養生活を送ることなく、晩年まで舞台を勤めていました。

立役《たちやく》で最長老だったのが、十三世片岡仁左衛門《かたおかにざえもん》（一九〇三〜九四）で、この時八十五歳です。突発性の緑内障《りょくないしょう》のために八年前から視力のほとんどを失っていましたが、老け役の『新口村《にのくちむら》』の孫右衛《まごえ》門《もん》、『沼津《ぬまづ》』の平作《へいさく》などを演じる一方で、「神品」とまで言われた『菅原伝授手習鑑《すがわらでんじゅてならいかがみ》』の『道明寺《どうみょうじ》』をも演じています。昭和六十三年には、八十五歳の高齢ながら実に八ヵ月にもわたって舞台に出演するという驚異的な働きぶりを見せ、平成五年（一九九三）十二月の京都南座《みなみざ》の顔見世興行《かおみせこうぎょう》で千秋楽の直前に休演、その翌年、九十歳で八十八年間に及ぶ現役の役者人生に幕を降ろしました。

十七世中村勘三郎《かんざぶろう》（一九〇九〜八八）は、昭和が終わる前年の六十三年四月に、七十八歳で生涯を閉じています。最後の舞台になったのは、同年正月に歌舞伎座で演じた『俊寛《しゅんかん》』で、初日の幕が開いて一週間で休演、子息の五世中村勘九郎《かんくろう》（のちの十八世勘三郎）を代役に立て、以後、舞台に立つことはありませんでした。亡くなった四月は、折しも子息の勘九郎が、自らが当たり役としていた『髪結《かみゆい》新三《しんざ》』を国立小劇場で演じている最中でした。

二世尾上松緑《おのえしょうろく》（一九一三〜八九）も、昭和から平成へと変わった年の六月に七十六歳の生涯を閉じています。兄の八世松本幸四郎《まつもとこうしろう》（初世松本白鸚《はくおう》）を八年前に喪い、その後、七十四歳の折には長男の初世尾上辰之助《たつのすけ》を四十歳の若さで喪うという悲運に見舞われてからは衰えが目立つようになり、それ以前から抱えていた膝の疾患の悪化なども加わり、舞台から遠ざかったまま、世に別れを告げました。

昭和という、戦争を挟んだ長い時代を生き抜き、それぞれの魅力を発揮し、歌舞伎界での役割を果たしてきた重鎮たちも、ある人は鬼籍《きせき》に入り、残照の中に佇《たたず》む人もいました。演じる役はどれも「一世一代」の気持ちでしたでしょうし、長い間相手役を勤めてきた仲間たちが、一人一人と欠けてゆく中で、歯を食いしばって「老い」と闘いながら、舞台に立っていたのです。「円熟」とは舞台の評価でよく使われる言葉ですが、それだけではなく、ほかのジャンルの演劇や、人気・実力で追い上げてくる子息たちを含めた若手の役者たちとの闘いもあったでしょう。その中で、生涯を歌舞伎役者として全うするために、それまでに蓄えた芸のすべてを発揮していたのです。

●歌舞伎を甦らせた「市川猿之助」の苦悩●

三代目市川猿之助《えんのすけ》、現在の二代目市川猿翁《えんおう》（一九三九〜）は、平成十五年（二〇〇三）に病で倒れて療養中ですが、平成二十四年（二〇一二）に子息の俳優香川照之《かがわてるゆき》（一九六五〜）が歌舞伎界入りし、「九代目市川中車《ちゅうしゃ》」を襲名した折の披露口上で、その姿を見せました。「猛優」と呼ばれた面影はなく、痛々しい想いと元気に活躍していた頃を想う懐かしさでその舞台を観た方々も多いでしょう。

さまざまな面で「敷居が高い」と言われてきた歌舞伎のハードルを下げ、多くの若い観客を歌舞伎に呼び込んだのは、三代目猿之助の功績です。歌舞伎の家には「家の芸」が伝わっていますが、それは『助六《すけろく》』や『紅葉狩《もみじがり》』といった固有の演目に限られます。猿之助の家にも「家の芸」はありますが、「革新の血」という「芸風」の色合いのほうが濃いのではないでしょうか。初世市川猿翁（一八八八〜一九六三）は、明治生まれの役者には珍しく中学を卒業、その後、演劇の勉強のために欧米へ留学するという進歩的な感覚の持ち主です。また、明治末期に盛んだった歌舞伎役者の近代劇運動に参加し、精力的に新作歌舞伎を演じたばかりか、大部屋の若手役者が歌舞伎の封建制に反発して劇団「前進《ぜんしん》座《ざ》」を設立するまでの経緯にも関わっていました。当代の猿翁の生き方と二重写しになる部分が多いのは血筋ゆえでしょうか。

しかし、どの世界でも同じですが、新しいことをやろうとすると旧体制からの反発が起きるものです。当代の猿翁も、革新的な歌舞伎の上演、早替わりや宙乗り、本水《ほんみず》を使った立ち回りなどのスペクタクルを多く取り入れた作品の復活上演を精力的に行った際には、歌舞伎界内部の反発や否定にさらされました。しかし、観客は敏感で、昭和五十四年（一九七九）に明治座で早替わりが四十回を超える『伊達《だて》の十役《じゅうやく》』を復活上演した折には、歌舞伎に馴染みのない若い観客が明治座へ殺到しました。まだインターネットでチケットが購入できる時代ではなく、明治座への電話の中には「さるのすけの『いたちの十役』の切符をください」という声があったというエピソードが残っています。以来、「スーパー歌舞伎」と呼ばれるジャンルの作品を哲学者の梅原猛《うめはらたけし》（一九二五〜）に依頼するなど、演劇界の枠を越えて、常に革新的な眼で歌舞伎界と観客に対峙しました。

『伊達の十役』の宙乗りでの引っ込み。
写真提供：松竹。

写真は、『伊達の十役』の中の悪役「仁木弾正《にっきだんじょう》」の引っ込みを宙乗りで演じている場面です。この役は、仙台藩（現在の宮城県）伊達家のお家騒動を描いた人気作品『伽羅先代萩《めいぼくせんだいはぎ》』でお家乗っ取りを企む悪人ですが、セリフは一言もなく、無言で鬼気迫る花道の引っ込みを見せます。黙ったままで悪役の凄みを感じさせるのは難しい技術で、口伝では「雲の上をフワフワと歩くように」と言われていると聞いたことがあります。歌舞伎では、「宙乗り」のことを幕内用語で「フワフワ」とも呼びますが、そこからの着想でしょうか、猿之助は実際にこの引っ込みの場面を宙乗りにし、まさにフワフワと宙に浮かんで見せたのです。「宙乗り」は猿之助の得意芸で、『義経千本櫻《よしつねせんぼんざくら》』の「四の切」と呼ばれる場面では、狐が宙を飛んで引っ込む演じ方が人気を博し、ほかの演目にも広がりました。

その中でも、この「仁木弾正」の長袴を捌きながらの宙乗りは、古来の口伝を具体化し、誰にでもわかる形で見せた斬新な発想と画期的な方法が、今も人気の場面になっています。

こうした多くの実績を残しながらも、それが認められるまでには苦難の道のりが続きました。「歌舞伎ではなくサーカス」と揶揄《やゆ》する声も聞かれたばかりか、「歌舞伎ではない」とまで言う人もいました。歌舞伎の本丸とも言うべき歌舞伎座が集客に苦しむ中で、満員御礼の公演を続ける猿之助の行動と実績をやがて認めざるを得なくなりました。

『伊達の十役』を例に挙げれば、猿之助が復活上演をしてから約四十年の間に、この作品は「市川猿之助家の芸」ではなく、立派な歌舞伎の人気演目として定着しました。そのことは、十代目松本幸四郎《まつもとこうしろう》や市川海老蔵《えびぞう》という、血縁では結ばれていない現在人気の世代がこの作品を演じていることから見ても明瞭でしょう。彼らは、この作品が観客に喜ばれる「楽しい歌舞伎」であることを実感したのです。

猿之助の、まさに命がけとも言える行動は、昭和から平成へかけての時代にあって、歌舞伎に新しい水脈を生み出しました。悲痛なのは、この新しい胎動を、猿之助は自らの肉体と引き換えにせざるを得なかったことです。舞台稽古で徹夜は当然、昼の部は三本のうち二本の作品に主演し、夜は「通し狂言」の主役という基本的な形式での奮闘を長年続けたことが、徐々に猿之助の肉体を蝕《むしば》んでいたのでしょう。しかし、後輩たちが活躍できるように、門閥《もんばつ》だけではなく実力での抜擢主義の流れを作り、後輩たちが受け継げるシステムを生み出せた功績も大きなものと言えます。

現在、「市川猿之助」は甥が四代目を継ぎ、家に伝わる革新の精神を漫画『ONE PIECE（ワンピース）』の歌舞伎化などで体現しています。観客は、当代の猿之助の中にも、先代の精神性を感じているでしょう。あとは、当代がどの精神をどう具現化し、作品として残すかが注目されるところです。

「家の芸」とは何か

スポーツの世界でも、「お家芸」という言葉がよく使われます。柔道や体操を筆頭に、卓球やアイススケートなど、スポーツの世界でも「芸」という言葉が使われるほど、一般に定着しています。この言葉の語源は能・狂言・歌舞伎などの古典芸能や茶道・華道・香道などの伝統文化で使われた家元《いえもと》や宗家《そうけ》など、その芸のトップが習得した技芸からきているものです。

歌舞伎の世界では、市川團十郎家の「歌舞伎十八番」をはじめとして、多くの家に「家の芸」があります。これは、過去の名優が自分の当たり役をまとめたものです。

例えば、昭和の初期に絶大な人気を誇った十五世市村羽左衛門《いちむらうざえもん》（一八七四〜一九四五）が、自らの当たり役から選んだ『可江集《かこうしゅう》』と呼ばれるものがあります。そこに挙げられている演目や役名は、白塗りの爽やかな役柄が似合った羽左衛門ならではのものがある一方、歌舞伎全体の人気演目でもあります。これは、家の芸が「家」ではなく「個人」に付いていた例です。以下、『可江集』の演目を見てみましょう。

『梶原平三誉石切《かじわらへいぞうほまれのいしきり》』の梶原平三
『盛綱陣屋《もりつなじんや》』の盛綱
『直侍《なおざむらい》』の片岡直次郎《かたおかなおじろう》
『与話情浮名横櫛《よわなさけうきなのよこぐし》』の与三郎《よさぶろう》
『江戸育御祭佐七《えどそだちおまつりさしち》』のお祭り佐七
『勧進帳《かんじんちょう》』の富樫左衛門《とがしのさえもん》
『源平布引滝《げんぺいぬのびきのたき》』（『実盛物語《さねもりものがたり》』）の斎藤実盛
『仮名手本忠臣蔵《かなでほんちゅうしんぐら》』の早野勘平《はやのかんぺい》
『助六』の花川戸助六《はなかわどすけろく》
『其小唄夢廓《そのこうたゆめもよしわら》』の白井権八《しらいごんぱち》
『曾我綉侠御所染《そがもようたてしのごしょぞめ》』の御所五郎蔵《ごしょのごろぞう》
『義経千本櫻《よしつねせんぼんざくら》』のいがみの権太《ごんた》

これら十二の役の、個人の芸がそのまま現代に伝わっているわけではありません。歌舞伎の各家に固有の芸があるか、という問題が取り上げられますが、私は「家に芸風はあるが、芸はあくま

晩年まで色気を失わなかった十五世市村羽左衛門。写真提供：松竹。

でも個人のもの」だと考えています。

歌舞伎の世界には、固有の「芸風」ないしは「芸に対する考え」を持つ家がたくさん存在しています。例えば、別項で述べた市川猿之助《えんのすけ》の澤瀉屋《おもだかや》の歌舞伎界における革新的な行動は、多くの歌舞伎ファンが知るところですが、初世市川猿翁《えんおう》（二世市川猿之助。一八八八〜一九六三）も持っていた気質で、進取の精神に富んだものでした。これこそが「家の芸風」だと思います。

同じ演目を違う一門で「家の芸」としていることもあります。最近はあまり上演されませんが、『大森彦七《おおもりひこしち》』という芝居は、市川團十郎家・成田屋《なりたや》の「新歌舞伎十八番」にも、六世市川團蔵《だんぞう》（一八〇〇〜七一）が制定した「古劇八種《こげきはっしゅ》」にも含まれていますが、両家共に頻繁に上演してきたわけではありません。「家の芸」全体を眺めると、そこに含まれながらも、上演されない演目が圧倒的に多いようです。これは、制定した役者自身がその時点での当たり役をまとめたという性質が大きく、子供や孫に受け継がれていないこと、人気のある演目は家に関係なく上演されることを示しています。

ある演目を、誰がいつ初演し、どのようにして人気演目になったのか、その過程を知ることは大切なことです。同様に、その演目が、今の観客の眼にはどのように映っているのかを冷静に判断することも重要でしょう。今の歌舞伎界は、良い意味で「家の芸」にあまり固執しているようには見えません。当たり役として数を重ねているうちに、新しい「家の芸」や「役者の芸」が生まれてもよく、そのほうが、歌舞伎が活況を見せている証拠にもなります。これからの世代の役者たちが、どんな芸を見せ、定着させてくれるのかを、多くの観客が心待ちにしていることでしょう。

●平成時代●

これからの歌舞伎のありようとは

●歌舞伎座以外での「歌舞伎ウェーブ」の出現●

歌舞伎を観る機会が多い方は、最近「新作歌舞伎」が増えていることに関して、さまざまな想いを抱いていることでしょう。一口に「新作歌舞伎」と言っても、いくつかの種類に分けられると思われます。

・従来からある作品を、松竹や国立劇場などに所属する関係者が改稿や補綴《ほてい》を行うもの。「復活狂言」の上演も含まれている。
・同じ立場で、新たに歌舞伎作品を書き下ろすもの。
・歌舞伎とは違う分野の作家や劇作家がオリジナルで脚本を提供し、演出も本人、または外部の演出家が行うもの。

大きく分けてこの三つの種類ではないでしょうか。その中で、観客が特に「新作歌舞伎」としての意識を強く持つのは、三番目の作品です。具体的な例を挙げれば、野田秀樹《のだひでき》（一九五五〜）、三谷幸喜《みたにこうき》

（一九六一〜）、リリー・フランキー（一九六三〜）、宮藤官九郎《くどうかんくろう》（一九七〇〜）、など、歌舞伎以外のジャンルで活躍中の人気劇作家たちです。彼らの作品の評価はそれぞれですが、残念なことに、なかなか再演に繫がる作品がありません。また、平成二十七年（二〇一五）には尾田栄一郎《おだえいいちろう》（一九七五〜）の人気漫画で、国内での発行部数が三億部を超えたと言われている『ONE PIECE（ワンピース）』の歌舞伎化が話題を呼び、平成二十九年（二〇一七）には早くも再演されました。新作歌舞伎の動向については別項で述べますが、こうした動きは、「歌舞伎界」内部の出来事です。

一方で、「歌舞伎」の語源が突拍子もない行動をとる「傾《かぶ》く」という動詞が語源であることから、歌舞伎以外の分野でも、多くの作品が生まれるようになりました。一例を挙げれば、ジャニーズ事務所のアイドルとして人気の高い滝沢秀明《たきざわひであき》が新橋演舞場で上演している「滝沢歌舞伎」。平成十八年（二〇〇六）に『滝沢演舞城《たきざわえんぶじょう》』のタイトルで初演され、上演のたびに内容を変えながら、平成二十二年（二〇一〇）からはタイトルを『滝沢歌舞伎』とし、現在に至っています。源 義経《みなもとのよしつね》を主人公にすることが多く、共演・助演に同じジャニーズ事務所の後輩などを起用し、多くの人気を集めていますが、この舞台が厳密な意味での「歌舞伎」かどうか、という問題になると、「歌舞伎」ではなく「時代劇ミュージカル」とでも名づけたほうが、舞台の実際の内容に近いでしょう。これは、東京の新橋演舞場、大阪の松竹座など、松竹が経営する劇場で制作された舞台であり、「歌舞伎」という名称が使われているものです。

こうしたところとは別の動きで、昭和六十二年（一九八七）に加納幸和《かのうゆきかず》（一九六〇〜）らが、歌舞伎をよりわかりやすく見せようとの発想で、「ネオかぶき」と称する作品を上演する劇団「花組芝居《はなぐみしばい》」を結成しました。新作を交え、歌舞伎の古典を現代の観客にわかりやすくアレンジし、音楽や美術に今までとは違う感覚を取り入れるなど、劇団独特の感覚が現在も人気を集めています。

「新作歌舞伎」と、いま紹介したような作品との違いや共通点はどこにあるのでしょうか？　一番大きな違いは、「歌舞伎役者が演じている舞台ではない」ことです。ゲスト、客演といった形での出演とは別に、歌舞伎を専業とする役者が、新しい作品やジャンルに挑戦するものではありません。では、共通点はどこにあるのでしょうか？　「歌舞伎」の作品、ないしはその周辺にある「時代劇」などを根底にし、歌舞伎で扱ってきた主人公をそのままに創られているという点でしょうか。『滝沢歌舞伎』で多く取り上げられる悲運のヒーロー・源義経は、日本人の「判官贔屓《ほうがんびいき》」の思想が大きく影響していますが、それを「舞台」の上で演じて見せたのは「人形浄瑠璃」や「歌舞伎」などの古典芸能の世界です。それが、明治以降「時代劇」という新しい水脈を生み出しました。

明治以降、「歌舞伎」を中心の核として「新派《しんぱ》」や「新国劇《しんこくげき》」などの新しい演劇が生まれてきました。そうした胎動は、常にどこかで起きており、平成になってから地表を突き破って噴き出したのが、アイドルによる『滝沢歌舞伎』のような現象、と考えることができます。「流行は繰り返す」と言いますが、四百年にわたって、芸能の旗頭としての地位を保ってきた歌舞伎が持っているパワーは凄まじいものがあります。具体的に言えば、物語のストーリーにしても中国や日本の古典漢籍を呑み込み、消化して歌舞伎の味を付け、独自の伴奏音楽としての「長唄《ながうた》」も発達させました。今は当たり前に観られる「フライング」(宙乗り)や「廻り舞台」も、歌舞伎が発祥です。そうした多くの財産を持っている芸能から、時代ごとに新しいうねりが生まれてきました。今後、歌舞伎の周辺に、どのようなニューウェーブが現れるのでしょうか。期待せずにはいられません。

●期待のベテランや中堅層の相次ぐ死●

平成二十五年(二〇一三)四月に建て替えを終えて「第五期」として華々しく開場した歌舞伎座ですが、一年間に及ぶ「さよなら公演」を経て、老朽化を主な原因とした建て替えのために平成二十二年(二〇一〇)から閉館していました。再開場までの間に、働き盛りの人気役者が相次いで歿したり体調を崩したりしたことは、これからの歌舞伎にとって大きな痛手となりました。「歌舞伎座」という劇場の、百三十年に及ぶ長い歴史の中で、建て替えの時期と役者の「世代交替」のタイミングが悪く重なってしまったのでしょう。とはいえ、働き盛りでこれから円熟の境地に差し掛かろうという人気役者を何人も喪ったことが、歌舞伎界に大きなダメージを与えたことは間違いありません。

新しい歌舞伎座の柿落《こけら》としを目前にした平成二十五年（二〇一三）二月、十二世市川團十郎（一九四六～二〇一三）が六十六歳で歿したことに、歌舞伎ファンは大きな衝撃を受けました。その前年、平成二十四年（二〇一二）十二月には、十八世中村勘三郎《なかむらかんざぶろう》（一九五五～二〇一二）が五十七歳という役者としてはまだ働き盛りの年齢で世を去ったばかりだったからです。團十郎と勘三郎の死の間には二ヵ月しか間がなく、立て続けに人気役者を奪われた歌舞伎界の悲劇は想像を絶するものがありました。歌舞伎座新開場の平成二十五年（二〇一三）にも不幸は続きました。九月には、大叔父中村歌右衛門《うたえもん》の名跡を七代目として襲名することを発表した九代目中村福助《ふくすけ》（一九六〇～）が、発表直後の十一月に体調を崩して舞台を降板、以後は病気療養を続けており、「七代目中村歌右衛門襲名」は延期となっています。新開場から一年後の平成二十六年（二〇一四）四月には、『壽　靭猿《ことぶきうつぼざる》』を最後の舞台として、十世坂東三津五郎《ばんどうみつごろう》（一九五六～二〇一五）も五十九歳で黄泉路《よみじ》へ旅立ちました。

五十代から六十代にかけての、働き盛りの人気役者の相次ぐ死は、会社にたとえれば、優秀な部長クラスの管理職を失ったことと同様です。その上の役員クラスに相当する最長老の四代目坂田藤十郎《さかたとうじゅう》郎《ろう》（一九三一～）をはじめ、二代目松本白鸚《まつもとはくおう》（一九四二～）、七代目尾上菊五郎《おのえきくごろう》（一九四二～）、二代目中村吉右衛門《きちえもん》（一九四四～）、十五代目片岡仁左衛門《かたおかにざえもん》（一九四四～）たちは幸いにも元気で、七十歳を超えても元気な舞台を見せてくれています。この世代に続くべき層が抜けてしまったために、次に活躍すべき世代がグンと若返りました。年齢順に記すと、門閥外から人気役者になった六代目片岡愛之助《あいのすけ》（一九七二〜）、新作歌舞伎で評価の高い中村獅童《しどう》（一九七二〜）、現在襲名披露興行中の十代目松本幸四郎《こうしろう》（一九七三〜）、伯父の二代目市川猿翁《えんおう》の当たり狂言を演じながら、自らも新しい試みを行っている四代目市川猿之助《えんのすけ》（一九七五〜）、祖父・父の芸風を受け継ぎ、自分の道を拓こうとしている四代目尾上松緑《しょうろく》（一九七五〜）、歌舞伎以外にも活躍の場を広げる十一代目市川海老蔵《えびぞう》（一九七七〜）、父を喪い、兄弟で奮闘を続けている六代目中村勘九郎《かんくろう》（一九八一〜）、弟の二代目中村七之助《しちのすけ》（一九八三〜）など、四十代半ばから三十代後半の世代が担う役割が一気に大きくなったのです。

歌舞伎という伝統芸能の役割の一つである「芸の伝承」の側面から考えれば、上から順番に下の世代へと芸が伝わるのが順当な流れです。しかし、その時々に変わる状況の中で、「歌舞伎」を支えて行かなくてはなりません。

こうした顔ぶれの変化により、さらに若い世代がにわかにクローズアップされてきました。テレビなどでもよく顔を見る六世尾上松助《まつすけ》の子息尾上松也《まつや》（一九八五〜）、三代目中村又五郎《またごろう》の子息中村歌昇《かしょう》（一九八九〜）と中村種之助《たねのすけ》（一九九三〜）の兄弟、四代目中村鴈治郎《がんじろう》の子息中村壱太郎《かずたろう》（一九九〇〜）、二代目中村錦之助《きんのすけ》の子息中村隼人《はやと》（一九九三〜）、五代目中村歌六《かろく》の子息中村米吉《よねきち》（一九九三〜）、中村福助の子息中村児太郎《こたろう》（一九九三～）などの若手が続いています。この中で、尾上松也以外は「平成生まれ」です。この顔ぶれを中心に、昭和五十五年（一九八〇）に復活したお正月の「浅草歌舞伎」をこの世代の役者で幕を開けるようになり、人気を博しています。修行期間の差からくる実力の点では、上の「お兄さん世代」との芸の開きはまだまだ大きいようです。しかし、役者は舞台の場数を踏んで鍛えられ、芸が伸びてゆくものでもあり、最初から巧い人はいません。

能の大成者である世阿弥《ぜあみ》の、能の芸についての考えをまとめた『花鏡《かきょう》』（一四二四年までに段階的に綴られたものとされています）の一節「初心忘るべからず」は、「始めた頃の謙虚で真剣な気持ちを忘れてはならない」と解釈されることが多いようです。しかし、本来の意味は、「最初に演じた時の出来なさ、未熟さを忘れて、慢心してはいけない」ということなのです。平成世代の若き俳優たちが、この言葉を胸に刻んで、いろいろな役柄に挑戦し、先輩の教えを乞うことが、円熟期を迎える前に世を去った先輩たちや歌舞伎ファンに対する恩返しと言えるのではないでしょうか。

●新たなる「歌舞伎の危機」到来●

歌舞伎座の新開場を経て、二〇二〇年開催予定の東京オリンピックも間近になり、海外からの観光客は増加の一途を辿っています。歌舞伎もそうした観光客を視野に入れ、国立劇場での英語のイヤホンガイドの導入や、二部制の「高くて長い歌舞伎」ではなく、気軽に観られて、上演時間が短く料金も割安な「三部制」の導入など、若い観客や海外からの観光客など、遅蒔きながらも新しい観客の獲得に向けて乗り出しました。

しかし、その一方で、現在の歌舞伎には「大きな危機」が忍び寄っています。前項で述べた十二世市川團十郎、十八世中村勘三郎《なかむらかんざぶろう》、十世坂東《ばんどう》三津五郎《みつごろう》など、働き盛りの役者の死も衝撃でしたが、それに匹敵する大きな問題をほかにも抱えているのです。

現在の歌舞伎界は、「女形《おんながた》」が極端に少なくなっています。名実共に、女形の頂点に立つ五代目坂東玉三郎《たまさぶろう》（一九五〇〜）を筆頭に、最高齢の四代目坂田《さかた》藤十郎《とうじゅうろう》（一九三一〜）、ベテランで時代物を得意とする二代目中村魁春《かいしゅん》（一九四八〜）、平成二十八年（二〇一六）に父の名を継いで五代目となった中村雀右衛門《じゃくえもん》（一九五五〜）、五代目中村時蔵《ときぞう》（一九五五〜）、三代目中村扇雀《せんじゃく》（一九六〇〜）、二代目中村七之助《しちのすけ》（一九八三〜）、中村壱太郎《かずたろう》（一九九〇〜）、病気療養中の九代目中村福助《ふくすけ》などの名を挙げることができます。また、立役《たちやく》と女形の両方を演じる七代目尾上菊五郎《おのえきくごろう》（一九四二〜）と五代目尾上菊《きく》之助《のすけ》（一九七七〜）の父子、四代目市川猿之助《えんのすけ》（一九七五〜）がいます。

一見すると、世代も分かれ、華やかな顔ぶれが並んでいるように見えますが、実際には「かなり少ない」状況と言えるでしょう。邦楽や舞踊など、長い修行期間を必要とする歌舞伎は、すぐに補充が利かない性質を持っています。そのことは、最近の演目の傾向を見ると、舞踊はともかく、女形が主役を演じる『鏡山旧錦絵《かがみやまこきょうのにしきえ》』や『伽羅先代萩《めいぼくせんだいはぎ》』、『阿古屋《あこや》』、『摂州合邦辻《せっしゅうがっぽうつじ》』などの上演頻度が三十年前と比べて減っていることからもわかります。こうした芝居の主な役を満たすだけの女形の数が不足している証拠と言えるでしょう。

この問題は、「脇役」や「老け役」にも共通しています。スターだけでは芝居は成立せず、主役の芝居を巧く受け、引き立たせる脇役がいてこそスターは輝きを放ちますが、この部分も役者が不足しています。平成二十八年（二〇一六）に「脇役部門」として六代目中村東蔵《とうぞう》（一九三八〜）が人間国宝に指定されましたが、脇役の万能選手というわけではありません。また、上方《かみがた》を中心に発展した義太《ぎだ》夫狂言《ゆう》の作品群の中で、老け役が大きな役割を果たす『新口村《にのくちむら》』、『酒屋《さかや》』なども、先に挙げた作品と同様の状況に置かれています。

こうした現状こそが、歌舞伎界の「危機」の一つなのです。世代交替により、若手が挑戦できる演目も増えましたが、役に相応しい年齢があり、なんにでも構わず挑戦するわけにはいかず、同じ演目の中でも主役を演じるまでには段階を踏む必要もあります。

この危機をどう打開するかは難しい問題です。今すぐには有効な手段はないと言えるかもしれません。だからこそ、十年先、二十年先を見据えた役者たちの養成が急務なのではないでしょうか。

相次ぐ襲名披露

平成二十九年（二〇一七）十一月までの二年ほどの間、五代目中村雀右衛門《じゃくえもん》、八代目中村芝翫《しかん》とその子息たちの襲名披露公演が続けられていました。同年五月の歌舞伎座では、『口上』は設けないものの、演目の中で披露口上を述べる形で「初代坂東楽善《ばんどうらくぜん》、九代目坂東彦三郎《ひこさぶろう》、三代目坂東亀蔵《かめぞう》」の襲名披露公演が行われました。「七世尾上梅幸《おのえばいこう》二十三回忌、十七世市村羽左衛門《いちむらうざえもん》十七回忌追善」の角書《つのが》きと呼ばれる注釈が付いており、故人を偲びつつ新しい名前の披露を行うという襲名公演です。

年が明けて、平成三十年（二〇一八）の一月と二月には、「二代目松本白鸚《まつもとはくおう》、十代目松本幸四郎《こうしろう》、八代目市川染五郎《そめごろう》」の父子三代襲名披露が歌舞伎座で行われています。現在の白鸚・幸四郎父子は、親・子・孫が同時に襲名を行う三代襲名披露を二回経験することになります。これは、歌舞伎四百年の歴史の中でも空前絶後の出来事です。三十七年ぶりのことで、前回は八世幸四郎が初代松本白鸚を、六代目市川染五郎が九代目松本幸四郎を、三代目松本金太郎《きんたろう》が七代目市川染五郎を襲名しました。この時、初世白鸚は大病を押しての出演で、千秋楽までの出演が叶わず、年が明けると間もなく七十一歳の生涯を終えました。白鸚を襲名して以降は、新しい名前で舞台に立つことは叶いませんでしたが、まさに「命を賭けての」襲名披露で、現在の二代目白鸚は、子息として父の様子をつぶさに見ていたからでしょうか、今回の襲名披露のインタビューでも『襲名』は『襲命』でもあり、役者の命を繋ぐことです」と述べています。この実体験からくる言葉には、おめでたさに加えて、責任感を伴う重みがあります。

歌舞伎ではここ数年、毎年のように襲名披露公演を行っており、「新しい名前を覚えるのが大変だ」というファンの声も聞こえてきます。なぜ、襲名披露公演が多いのでしょうか。歌舞伎の制作を一手に担っている松竹のビジネスとしての考えもあります。しかし、それ以上に大きいのは「名前の重み」です。襲名は、現在名乗っている名前よりも大きな名前を名乗ることで、役も今までよりも重い役や大きな役を演じることになり、新しい名前に相応しい役を演じるだけの技量を身につけなくてはなりません。役者のタイプによって違いますが、襲名してから芸の寸法が伸びるケースもあれば、今の名前では収まり切らない役者になっている場合もあります。現在、襲名披露興行中の松本幸四郎の芸を、父の白鸚は「もう『市川染五郎』という名前では収まり切らない役者になった」と語っています。「襲名」は、役者としてステップアップする大きなチャンスで、そのための「通過儀礼」の一つだとも言えるのです。

また、継ぐべき名前があっても、自身の技量がその名に相応しいものでなければ、自分の意志だけで襲名できるわけではありません。日々の舞台を共にしている先輩たちが、「そろそろ、次の段階の名前を……」という感覚を抱き、観客席からも同様の声が上がって初めて「襲名披露」が行えます。当然ながら、名前が大きくなれば課される責任も大きくな

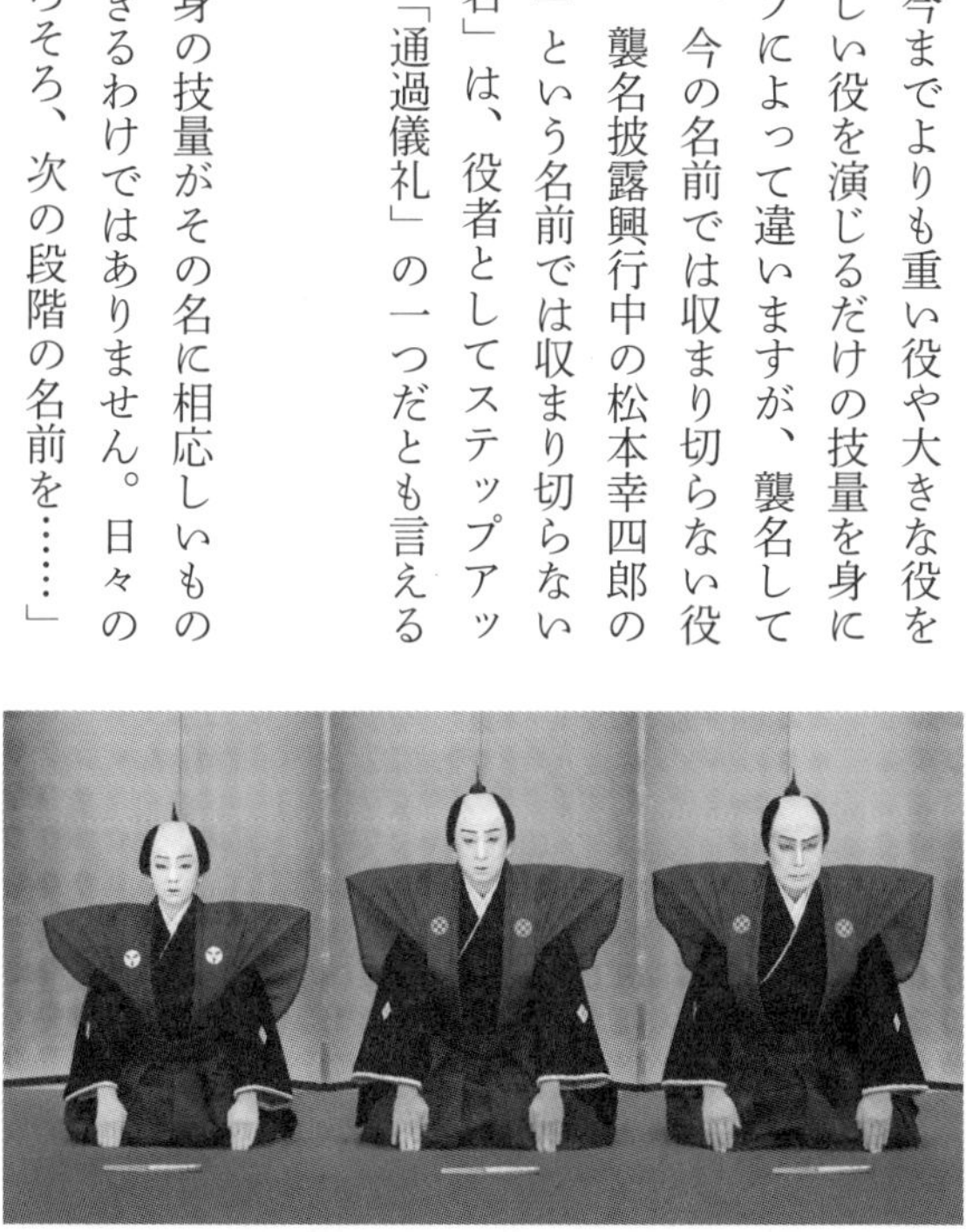

高麗屋三代襲名披露『口上』。撮影：篠山紀信。

り、その重圧は私たちの想像を遥かに超えるものでしょう。「襲名披露口上」は襲名披露興行での最大の見せ場とも言えますが、金屏風の前で、それぞれの家の色を染めた裃《かみしも》で居並ぶ先輩・後輩に祝辞を述べてもらうのは、歌舞伎役者として最高の「ハレの場」であると同時に、これから大きな責任を果たす、という決意表明でもあるのです。

襲名をきっかけにして才能を開花させ、どんどん名前を大きくする役者もいます。例えば中村勘九《かんく》郎《ろう》（一九八一〜）は、三十一歳の時に父勘三郎《かんざぶろう》の前名「中村勘九郎」を襲名しましたが、不幸にもその年末に父を喪い、弟の中村七之助《しちのすけ》（一九八三〜）と共に、「中村屋」一門の若き頭領として多くの先輩の助力を得ながら今日《こんにち》に至っています。こうして、名前にあった役を演じ、一ヵ月の公演で相応の責任を負うことで、技量が発達する一方で、襲名する当人にしてみれば、その名で活躍していた先代を知る観客が多ければ多いほど、比較されて、大きなプレッシャーを受けます。それを乗り越えるのが役者にとっての親孝行でもあるのです。

ところで、「〇代目」という形で、父や由縁のある人の名を名乗るという芸能は、歌舞伎、人形浄瑠璃、舞踊、落語などの古典芸能のほかには、松竹が制作している「新派《しんぱ》」「松竹新喜劇《しんきげき》」しかありません。この二つはいずれも明治以降に生まれた「近代演劇」と言えるもので、発生年代は同じながら、ほかの演劇にはない制度です。

例えば「老舗の三大劇団」と呼ばれる文学座《ぶんがくざ》で、創立以来、その看板を背負って生涯を全うした杉《すぎ》村春子《むらはるこ》（一九〇六〜九七）は昭和の歴史に残る名女優ですが、文学座に「二代目杉村春子」はおらず、作る気もないでしょう。同様に、東宝ミュージカル『屋根の上のヴァイオリン弾き』を九百回演じ、昭和の日本の父親の象徴の一人でもあった森繁久彌《もりしげひさや》（一九一三〜二〇〇九）や、『放浪記《ほうろうき》』を二千十七回演じ、日本のお母さんだった森光子《もりみつこ》（一九二〇〜二〇一二）は、どちらも俳優の実子はおらず、芸を継ぐ意味での二代目もいません。

これは、明治以降に近代的な感覚が日本に入ってから生まれた演劇と、江戸時代から続く伝統芸能の差が現れている一面です。連綿《れんめん》と続いてきた歌舞伎の歴史の中で、「初代」で終わった役者の数のほうが遥かに多く、「〇代目」と代数を重ねることができたのは、「先代のような役者になりたい」という願望と「先代のような役者を観たい」という、役者と贔屓《ひいき》の願望が一致して初めて生まれるものだからです。現在の歌舞伎界に、「十代」を数える家はそう多くはありません。だからこそ「名門」と言えるのです。襲名によって代数を重ねる中で、新しい名前を襲名した役者が、どのような芸を見せてくれるのか、観客の期待はそこにあります。人間が変わるわけではありませんが、新しい役者の誕生を喜ぶ、歌舞伎の「祝祭」の行事、それが「襲名」の持つ大きな意味ではないでしょうか。

●断絶する『忠臣蔵』の世界●

平成二十八年（二〇一六）十月、十一月、十二月の三ヵ月をかけて、東京の国立劇場では「開場五〇周年記念公演」として、歌舞伎の三大名作の一つ『仮名手本忠臣蔵《かなでほんちゅうしんぐら》』の完全上演が行われたことは前にも述べました。毎月、休憩を挟んで五時間を超える公演を、三ヵ月続けてようやく完全上演できるというほどの大作に挑む試みに、国立劇場は連日の満員を記録しました。五十年前の開場時の目的の一つである「通し狂言の上演」の一環として、国立劇場だからこその「完全通し上演」が行われたのです。

この試みは、開場二十周年記念公演でも行われました。それから三十年を経た今回の『仮名手本忠臣蔵』は、九代目松本幸四郎《まつもとこうしろう》（現在の二代目松本白鸚《はくおう》）、二代目中村吉右衛門《きちえもん》、四代目中村梅玉《ばいぎょく》の三人が、各月ごとに主人公の大星由良助《おおぼしゆらのすけ》を演じ分け、二代目中村魁春《かいしゅん》、四代目市川左團次《さだんじ》、二代目片岡秀太郎《かたおかひでたろう》、五代目中村歌六《かろく》、五代目中村雀右衛門《じゃくえもん》、二代目中村錦之助《きんのすけ》などのベテラン・中堅、花形の四代目尾上松緑《おのえしょうろく》、五代目尾上菊之助《きくのすけ》、初代中村隼人《はやと》など、歌舞伎界の三世代にわたるメンバーを揃えての上演となりました。この大掛かりな上演で、平成の歌舞伎を牽引してきた世代が、あとに続く世代に自らの芝居の手本を見せる形にもなりました。これこそが、歌舞伎における「芸の伝承」の一つの形です。大きな役に抜擢されても、簡単に演じられるわけではありません。同じ舞台に立つ先輩に教わり、芸を盗み、自分のものにすることの繰り返しで、歌舞伎の芸が継承されてきました。時間をかけて熟成を重ねる中で、役者としての腕を深め、味わいを増し、他人にはない個性が生まれるのです。

その一方で、私たち観客の側の「伝承」が断絶しかけているという面があります。最近の大学生は、『忠臣蔵』の名前を『ただおみぞう』と読むことに違和感を覚えることはなく、『忠臣蔵』という物語やその周辺事情についてもほとんど知りません。しかしながら、私たちは大学生を責めることはできません。彼らは、日常生活でも学校教育でも『忠臣蔵』に触れる機会がなく、誰にも教わっていないからです。むしろ、責任は大学生ではなく、教育現場や世間にあるのかもしれません。特に『忠臣蔵』の場合は、

『仮名手本忠臣蔵』三ヶ月連続完全通し上演の公演ポスター。写真提供：国立劇場。

日本で最も有名な物語の一つであり、日本人の精神性を象徴しているとも言える作品だけに、重要な問題だと考えます。

今から十五年前ぐらいまでは、年末には必ずと言ってよいほど映画やテレビドラマなどで『忠臣蔵』に関係した作品を目にする機会がありました。しかし、時代劇人気の低迷に端を発し、映画やテレビの視聴人口の減少などの要因も加わり、徐々に『忠臣蔵』に関連した番組は減少しました。その結果、ある世代以下の一般教養の中から、いつの間にか『忠臣蔵』という素材が消滅しかけているのです。

その背後には、「終身雇用制度」が崩壊したことなどを原因の一つとして、日本人にとって「忠義」や「主《あるじ》への忠誠」といった感情が、共感を得られるものではなくなってきた背景もあるでしょう。「忠義」を尽くすべき対象が存在しなくなった状態で、自らを犠牲にして、艱難辛苦《かんなんしんく》を乗り越えるという感情や行動にシンパシーがなくなってしまえば、『忠臣蔵』の受け取り方が変わるのも当然です。

現代の視点で『忠臣蔵』の物語の元になった史実の「赤穂事件《あこうじけん》」を眺めてみると、「テロ行為」に等しく、「赤穂義士」と称えられた人々は「テロリスト集団」ということになります。自らが仕える殿様が、理由はともかく江戸城という当時最も公共性の高い場所で、重要な儀式が行われる日に刀を抜き、殺人未遂に及ぶ。現代社会に置き換えれば、国会の開会日に、議事堂内で先輩議員に向けて銃を撃つようなもので、理由の是非は問わずに大罪であることは間違いありません。

この行為に対して幕府が出した判決は、赤穂の殿様である浅野内匠頭《あさのたくみのかみ》は即日「切腹」、相手の吉良《きら》上野介《こうずけのすけ》は「お咎めなし」というものでした。この判決を不服として、一年以上の潜伏期間を経て、浅野の旧臣四十七人が綿密な作戦を立てた上で相手の吉良を殺したのです。本人ばかりではなく、多くの使用人も被害に遭いました。この結果だけを見れば、確かに「赤穂義士」たちが「テロリスト」と言われても仕方がないでしょう。こうした時代感覚の変化も手伝って、徐々に日本人の周辺から『忠臣蔵』の世界が影を潜めていったのではないでしょうか。

江戸時代、『忠臣蔵』を巡る物語は、庶民の熱狂的な支持を得ました。そこには、強者ではなく弱者だからこそ応援する「判官贔屓《ほうがんびいき》」の思想が根強く横たわっていたからです。これは、源義経《みなもとのよしつね》（通称「九郎判官《くろうほうがん》」）が兄頼朝《よりとも》に追われ、奥州衣川《ころもがわ》で命を落としたことから、義経の通称名を語源として「判官贔屓」の言葉と感情が生まれたものです。この言葉は、日本人の精神性を読み解く上での重要なキーワードの一つと言えます。『忠臣蔵』の物語で史実の浅野内匠頭にあたる役名は「塩冶判官《えんやはんがん》」、吉良上野介は「高師直《こうのもろのお》」とされ、幕府の弾圧をかいくぐるために人物名を変え、時代も鎌倉時代、場所も江戸ではなく「鎌倉」で起きた事件とした上で、江戸から遠く離れた大坂で、寛延元年（一七四八）に歌舞伎で初演されています。

以来、「外伝《がいでん》」と呼ばれる本編を巡るエピソードが、講談《こうだん》、浪曲《ろうきょく》などの芸能に大きな影響を及ぼす一大山脈とも言うべき作品群を生み出し、二百五十年以上にわたって絶大な人気を誇ってきました。『忠臣蔵』は、単に歌舞伎の名作の一つというだけのものではなく、私たち日本人の精神性に深く関わっている作品で、ほかの作品の上演頻度が減ったということと同一の視点で語れる問題ではありません。

『忠臣蔵』に関する知識や感覚が私たちから遠くなることは、「判官贔屓」という日本人独特の感覚も遠ざかることになります。こうした例ばかりではなく、日本の伝統や文化の断絶は、意外に些細なところから始まるのです。

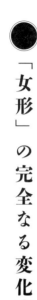

●「女形」の完全なる変化●

五代目坂東玉三郎《ばんどうたまさぶろう》、五代目尾上菊之助《おのえきくのすけ》や二代目中村七之助《なかむらしちのすけ》などの女形《おんながた》を見ていると「本当に美しい」と思います。女形の美しさを表現する時に「女性より女性らしい」という言葉がしばしば使われます。しかし、最近の女形全体に見られる傾向として、「白く塗り過ぎている」「美しすぎる」場合が多いのも否定はできません。主役級の役者であれば必要もありますが、そうではない役までも、雛人形のように真っ白な顔で並んでいるのを観ると、時としていささか不気味に感じることがあります。昔、ある女形が「あれは塗り過ぎですよ。あんなに白く塗られちゃ、あたしはどんな色で出ればいいんです」と嘆いていたのを聞いたことがありますが、「こういうことか」と実感しました。

明治時代の歌舞伎役者の写真を見ると、決して美しいばかりの女形ではなく、失礼ながら明らかに「グロテスク」としか言いようのない女形もいます。それればかりか、顔の下に明らかに「男」が透けて見える役者もいました。「劇聖《げきせい》」と仰がれている明治期の九世市川團十郎（一八三八〜一九〇三）は顔が長く、『鷺娘《さぎむすめ》』なども、写真で見た限りでは明らかに「男性」の顔が見えています。同時期に活躍した五世尾上菊五郎《きくごろう》（一八四四〜一九〇三）は綺麗な卵形の顔立ちでしたが、『伽羅先代萩《めいぼくせんだいはぎ》』の政岡《まさおか》や、女装した盗賊の『弁天小僧《べんてんこぞう》』なども、「美しい」という感覚は持てません。

メイクや写真の技術が現在とは格段に違うこと、残されている写真の数が少ないこと、写真の経年劣化があることなどを考えたとしても、美しくは感じられません。加えて、約百年の間に、私たちの生活が欧風化する中で、「美意識」が大きく変わったことも大きな要因でしょう。但し、同じ時代にも「美しい女形」は存在していました。九世團十郎も五世菊五郎も立役《たちやく》を本分とした役者であり、女形が本領ではありません。それを、芸の力で凌駕するほどの舞台を見せたからこそ、観客が受け入れたのでしょう。美しい顔の女性の役が必要であれば、極端に言えば女優が演じればよく、別項で述べたように明治期には女性の歌舞伎役者もいました。その一方で、歌舞伎の女形は「男性の肉体」を持たなくては勤まらない側面も持っています。傾城《けいせい》や花魁《おいらん》のように重い衣裳や鬘《かつら》を身につけ、役によっては鬘から下駄まで総重量が四十キロにも及ぶものを身にまとって舞台を動き回る「労働」は、男性のエネルギーを必要とします。また、相手の立役と張り合う芝居を見せるためにも男性の骨格や肉体が必要なのです。

明治中頃から現在までの百二十年ほどを考えると、「女形が、その表面も内面も変容した」ということになります。照明やメイクの技術の進歩に加え、毛穴まで大写しになるような高性能のカメラで舞台が録画されることが多い状況で、女形も「現代人にとっての美しさ」が必要になりました。

江戸時代、寛政六年（一七九四）から翌年にかけてわずかな期間に膨大な数の浮世絵を残して忽然《こつぜん》と姿を消した東洲斎写楽《とうしゅうさいしゃらく》（生歿年不詳）が描いた「大首絵《おおくびえ》」と言われる一連の作品があります。上半身や顔を大きく描写したものを呼びますが、モデルとされた女形が、それを見て卒倒したというエピソードが残っています。

五世尾上菊五郎が演じる弁天小僧。写真提供：松竹。

今の私たちには写楽の絵は大きくデフォルメされているように見えますが、当時の感覚ではリアルに描きすぎたため、とも考えられます。

昭和の戦前期には、「女優のような芝居をする」という批評が散見されます。「女形」にとって必要なものは「女優のような美しさ」ではなく、「歌舞伎の女形としての表現」であり、それが必ずしも「美しさ」とイコールではなかったことがわかります。また、舞台の上で女形として全うするためには、日頃の生活も女性のように暮らすべきだ、という江戸時代の歌舞伎の初期に生まれた名女形、初世芳澤《よしざわ》あやめ（一六七三〜一七二九）の「あやめ草」という芸談をまとめた書が、女形のバイブルとなり、日常も女性のように生活する「真女形《まおんながた》」が多く存在しました。しかし現在は、舞台では女性を演じるものの、日常生活は男性として暮らす女形がほとんどで、その質も変容しています。では、どこがどう変わったのでしょうか。

東洲斎写楽が「真を描かん」とした女形。確かに美しくはない。

江戸時代の歌舞伎役者の「女形」に関する考えは、基本的には「役者としての生き方」であり、その中には舞台以外の生活も含まれていました。明治以降は、自然主義などの影響を受け、「役者としての役割」とする考え方が生まれ、舞台と実生活は別物であり、舞台を離れれば一般的な「男性」としての生活を送ることが自然だと考えるようになりました。当たり前のようですが、この変化は大きく、歌舞伎という芸能が過ごしてきた歴史の中で、「女形の考えが変容した」ことは特筆に値するのではないでしょうか。男性が女装をして演技する構造を持つ「歌舞伎」を、特殊なものとして観る眼は減り、世の中の多様化に伴って、受け入れ方も変りました。

現代の女形は、「女性の気持ちで演技すること」に加え、「女性らしい、あるいは女性を超える美しさ」をも併せて観客に求められています。時代と共に変わる観客の要望を満たしながら新しい姿を見せるのも、伝統芸能の役割であり、その象徴の一つが、「現代の女形の美しさ」なのかもしれません。

●盛んな「新作歌舞伎」が持つ意味●

別項でも述べましたが、現在の歌舞伎界では「新作歌舞伎」が盛んに上演され、アイススケートなど他分野とのコラボレーションなどを含めた胎動が起きています。歌舞伎ファンの見方や感じ方はそれぞれでしょうが、「芸能は時代と共に変容する」宿命を持つ以上、こうした動きは「必然」でもあります。また、盛んに新作歌舞伎が上演されるのも、歌舞伎の長い歴史を考えれば、珍しいことではなく、当然の現象とも言えます。

歌舞伎の演目で上演可能なものは三百とも言われていますが、長い時間の中で、上演の機会が少なくなり、また、観客の感性の変化によって、作品の質の良し悪しではなく自然に淘汰されて上演されなくなる作品もあります。内容がどんなに素晴らしくとも、現代の観客を納得させられなければ、上演の意味がありません。上演可能な演目を増やし、レパートリーを広げるには、「新作歌舞伎」を上演し、次の世代に残すための補充も重要なことなのです。

こうした動きは、今に始まったことではありません。きっかけは違いますが、明治維新のあと、西欧思想がなだれ込んできた中で、多くの新作歌舞伎が江戸時代以来の狂言作者以外の人物によって書かれ、現在も頻繁に上演されている作品はたくさんあります。また、明治期には落語ともコラボレーションしています。大正期には「大正モダニズム」の影響を受け、歌舞伎に「近代的な心理描写」を盛り込んだ作品が提供されました。戦後は、三島由紀夫《みしまゆきお》、北條秀司《ほうじょうひでじ》、舟橋聖一《ふなはしせいいち》、川口松太郎《かわぐちまつたろう》らが多くの新作を生み出しています。平成の世においても、別項で触れた野田秀樹《のだひでき》など劇作家の新作が歌舞伎で上演されています。こうして、「時代の変わり目」に、多くの新作歌舞伎が生まれているのです。

もう一点、「時代の変わり目」は、歌舞伎界にとっては外部要因ですが、歌舞伎界の「世代交替」と共に新作が盛んに上演される傾向があるようです。今、まさに世代交替の最中とも言える状態の中で、平成二十九年（二〇一七）十月の歌舞伎座では、世界三代叙事詩の一つとされる『マハーバーラタ戦記』が七代目尾上菊五郎《おのえきくごろう》（一九四二〜）、五代目尾上菊之助《きくのすけ》（一九七七〜）父子を中心に上演され、一定の評価を得ました。十一月の国立劇場では、長谷川伸《はせがわしん》の名作で、歌舞伎以外のジャンルでは里見《さとみ》浩太朗《こうたろう》、杉良太郎《すぎりょうたろう》、五木《いつき》ひろしなどによって上演されていた『沓掛時次郎《くつかけときじろう》』が昭和五十一年（一九七六）年以来四十一年ぶりに四代目中村梅玉《なかむらばいぎょく》（一九四六〜）の主演によって、国立劇場で上演されています。平成三十年（二〇一八）には、岸本斉史《きしもとまさし》作の人気漫画『ＮＡＲＵＴＯ—ナルト—』が歌舞伎化されることが決まっています。

漫画やアニメ、小説など多くのものから題材を得て新作歌舞伎を創ることは結構なことだと思います。ただ、一点だけ忘れてはいけない大きな要素があります。作品全体として眺めた時に、わかりやすく、面白い作品が登場するのは大歓迎ですが、「歌舞伎のセリフ」になっているのかどうか、歌舞伎劇として成立するのかどうか、という点です。この視点で観た時に、歌舞伎役者が演じる「新作歌舞伎」とされている作品の中に、「歌舞伎のようなもの」や「なんとなく歌舞伎」と感じる作品が多々あることは否定できません。今後の新作歌舞伎の登場で、この点を押さえておかないと、歌舞伎劇の本質や構造を歪んで理解することになり、これからの歌舞伎が目指す方向性がブレてしまう恐れがあります。さらに恐いのは、観客動員の結果などで、創り手の目が曇ってしまうことです。

どんな芸能も、「時代」という外部、そして内部の変化を回避することはできません。新しい伝統を生み出すためには、時に過去のものを破壊しながら前に進むことが、新たな発見に繋がることは多々あります。現在の歌舞伎も、こうした状況なのでしょう。柔軟性を持つのは素晴らしいことで、「伝統」だけに縛られていない証拠だとも言えますが、「なんでもあり」ではないのです。歌舞伎という芸能が持つ制約の中で、今までにはない新しいもの、面白いものが根づいた時、初めて真の「新作歌舞伎」が生まれるのではないでしょうか。

『沓掛時次郎』の公演ポスター。写真提供：国立劇場。

●平成の「歌舞伎」はどう変容したのか●

元号が「平成」に変わってから三十年が過ぎました。この三十年で世代交替が進み、歌舞伎座が新しく建て替わるなど、歌舞伎自身もさまざまな変貌を遂げています。

昭和期には「例外」でしかなかったことですが、平成になってから歌舞伎座や新橋演舞場といった大劇場以外での歌舞伎公演が盛んに行われるようになったのは、大きな変化でしょう。十八世中村勘三郎《なかむらかんざぶろう》(一九五五～二〇一二)が平成六年(一九九四)に渋谷のシアターコクーンで『東海道四谷怪談《とうかいどうよつやかいだん》』を現代演劇の演出家で俳優の串田和美《くしだかずよし》(一九四二～)の演出で上演したのをきっかけに、平成十八年(二〇〇六)には同じ渋谷のパルコ劇場(現在は閉館し、改築中)で、十代目松本幸四郎《まつもとこうしろう》(一九七三～)が前名の市川染五郎《そめごろう》当時に、三谷幸喜《みたにこうき》の『決闘《けっとう》！高田馬場《たかだのばば》』を演じています。これらは、上演された劇場の名を冠し、「コクーン歌舞伎」、「パルコ歌舞伎」と呼ばれています。昭和三十年代、渋谷駅ビルの東急東横百貨店の中にあった「東横劇場」で「東横歌舞伎」が行われましたが、これは若手育成の場としての意味合いを持っていました。

こうした平成の新しい胎動は、歌舞伎役者たち自らの中から噴出したエネルギーの爆発、とも言えるもので、その性質を明らかに異にしています。平成二十七年（二〇一五）二月には、その二年前にオープンした六本木EXシアターで、十一代目市川海老蔵《えびぞう》（一九七七〜）が宮藤官九郎《くどうかんくろう》の脚本、三池崇史《みいけたかし》の演出で、『地球《ちきゅう》投《なげ》五郎《ごろう》宇宙《うちゅうの》荒事《あらごと》』を「六本木歌舞伎」として上演しました。こうした、歌舞伎役者自身による新たな実験的な試みが、「歌舞伎の常打《じょうう》ち劇場」ではない劇場から動き始めたのは、平成期の大きな特徴と言えるでしょう。

また、平成生まれの若手を中心としたメンバー、例えば初代中村隼人《はやと》や二代目尾上松也《おのえまつや》などが、テレビのバラエティ番組やCMなどに顔を出す機会が増えました。歌舞伎役者が映画やドラマに出演することは以前からありましたが、時代と共に映像との関わり方が大きく変わりました。二代目中村獅《し》童《どう》（一九七二〜）が世間で大きな注目を浴びたのは、平成十四年（二〇〇二）に公開された映画『ピンポン』で、日本アカデミー賞やゴールデン・アロー賞などで新人賞を受賞したことです。これをきっかけに、歌舞伎役者としての認知度が急速に高まり、現在の活動に至っています。また、子役から歌舞伎の世界で修行を積んでいた六代目片岡愛之助《かたおかあいのすけ》（一九七二〜）がブレイクしたのも、平成二十五年（二〇一三）のテレビドラマ『半沢直樹《はんざわなおき》』で演じた個性的なエリート官僚の役だったことをご存じの方も多いのではないでしょうか。

これらの現象は、歌舞伎が「新たなる観客との接点の場」を求め出した、ということです。歌舞伎座だけではなく、若い観客が集まる渋谷や六本木などで、若い役者が演じる舞台で歌舞伎に親近感を持ってもらいたい、その上で観客の裾野を広げ、最終目的地である歌舞伎座へ導こうとしているのです。テレビなどへの露出にしても、三十年前であれば「そんなことをしている暇があったら歌舞伎の勉強をしなさい」というお叱りがあったかもしれません。しかし、世代交替が進む中で、新しい世代の観客を生み出す必要があります。そのためには、若い人々に、きっかけはどうであれ「あの人は歌舞伎役者なんだ！」と知ってもらい、興味を抱かせなくては次へのステップには進めません。別項で述べた新作歌舞伎の上演も、そうした意図で、新たなる若い世代の確保が主な目的の一つであることは言うまでもありません。ただ、新作に足を運んだ観客が、そのまま歌舞伎ファンになってくれるかどうかは難しいところで、だからこそ多くの「接点」を求めているのです。

パルコ歌舞伎『決闘！高田馬場』の公演ポスター。
写真提供：株式会社パルコ。

平成の歌舞伎が、それまでの時代とどう変わったのかを一言で述べるなら、「柔軟性が増した」と言えます。「伝統と古格を守りながら継承する芸能」である歌舞伎が、時代の節目でいろいろな動きを取り入れてきたことは、これまでにも述べました。それが、最も多角的な形を示しているのが「今」ではないでしょうか。平成の歌舞伎は、「多角的な視点への歌舞伎」に大きく舵を切り替えたことこそが、最も大きな変容だと私は捉えています。

おわりに――「歌舞伎」はどこへ行くのか

歌舞伎はこれからどうなるのでしょうか。あるいはどこを目指して進もうとしているのでしょうか。もはや、「演劇」はおろか、芸能におけるジャンル分けは意味を持たない時代になりました。インターネットの普及が多大な影響を与え、エンタテインメントは変質したのです。「わざわざ出掛けてまで楽しむ必要がない」ものが膨大に増えました。今の歌舞伎のスタンスは、「エンタテインメントの一つ」という感覚が最大公約数でしょう。

もちろん、芸能の中での差別化があり、歌舞伎は「古典芸能」としての性質を大事にしています。しかし、ほかの芸能と同様に、プロが公演を行い、入場料を支払う構造には変わりありません。その中で、松本幸四郎《まつもとこうしろう》、市川海老蔵《えびぞう》、片岡愛之助《かたおかあいのすけ》、中村勘九郎《なかむらかんくろう》などの三十代から四十代の役者たちが、本拠地とする歌舞伎座以外の場所でもさまざまな活動をしています。その目的は、歌舞伎ファンを増やす、の一点に尽きるのですが、それだけで本当にファンは増えるのでしょうか。

「内容が難しい」「開演時間が早すぎる」「上演時間が長すぎる」「観劇料金が高い」などの言葉が、

今までにどれほど観客の間で話題にのぼったかわかりませんが、どれ一つとして解決には至っていません。わずかに「開演時間」が、「昼の部十一時、夜の部四時三十分」の二部制を基本としながら、「十一時、二時四十五分、六時十五分」などの「三部制」とする公演が年に一回か二回増えたことぐらいで、根本的な改善策には成り得ていません。他ジャンルの舞台との料金の割高感も問題です。一方、歌舞伎の内部では女形《おんながた》や脇役の払底、世代間格差などの問題もあります。それらを乗り越え、次の世代の歌舞伎を創るために、若手が新作や他ジャンルとのコラボレーションなどで若い観客を集めようと必死ですが、問題になるのは江戸時代から連綿《れんめん》と続く「古典歌舞伎」のありようです。

世界に誇る優れた伝統芸能である一方、同じ日本人が観てもよくわからない状態がこのまま続くことを良しとするのか否か。移ろいゆく観客の嗜好に迎合することは、芸能の宿命とはいえ、限度があります。

現代の凄まじいまでのスピード感の中、「これは昔からこういうものです」と何も変えずに行うことには、勇気と、観客を納得させるだけの技量が必要です。ライブを楽しむ観劇とはいえ、一回の上演時間が休憩を挟んで四時間から五時間という長さを標準に考えることが、本当に正しいのでしょうか。もちろん、早ければ良いというものではありませんし、長くても必要なものはたくさんあります。

その一方で、今まで二時間かけて上演していた『盛綱陣屋《もりつなじんや》』や『道明寺《どうみょうじ》』などを、物語の内容や根幹を変えることなく、精密なテキストストレジーの結果、一時間三十分に短縮する試みも必要だと思います。ここで怖いのは、スピードだけを追求した結果、原典の味わいを損なうことです。古典歌舞伎に造詣の深い人物を各分野から横断的に集め、一つのプロジェクトとして十本、十五本と、時代に合わせた上演方法を考えなければ、今後の歌舞伎は難しい立場に立たされることは確実でしょう。

こうしたことは私が言うまでもなく、歌舞伎関係者の間では周知の事実でしょう。確かに、先人が知恵を絞って書いた作品に手を入れるのは簡単な話ではありません。しかし、誰かが手を付け、二十一世紀版とでも言うべき作品を次の世代に伝えることも関係者に課された大きな宿題でしょう。

芸能ニュースを見ていても、歌舞伎役者の行動や発言が話題になることは多くあるのに、舞台そのものが話題になることが少ないのは残念な状況です。芸能は、時代を写す鏡でもあります。その代表格として歌舞伎に輝き続けてもらうためには、これからが正念場となるのでしょう。

折しも、「平成」も間もなく終わろうとしています。次の時代の歌舞伎がどう変わるかを見届けることは、ファンの楽しみであると同時に、私のような立場の仕事をする者の責務でもあります。

あとがき

約四十年間、歌舞伎の観客でいながら、個々の演目や役者の演技を云々することはあっても、歌舞伎と観客の関係を俯瞰で眺めることがないままに歳月が過ぎていた。

我々は、現在の歌舞伎の姿しか観ることが叶わない。しかし、それは歌舞伎に関わった先人たちの多くの闘いや差別、栄光と苦悩、努力や工夫を重ねた四百年の歴史の上に立つ「今」なのだ。それらが、時代ごとにどんな形で表れ、我々庶民はどう見ていたのか、あるいは関わっていたのか。歌舞伎の歴史を辿りながら、あまり表には出てこない話も併せて拾い上げ、歌舞伎と我々が共に過ごした四百年を眺めてみた。どこからお読みいただいてもいいように、一話読み切りの気軽な感覚で本書に触れていただければ幸いである。

本の帯に、親子孫の三代で襲名披露興行中の二代目松本白鸚丈にメッセージをいただくという望外の幸せを得て、新年に本が出せるのは大きな喜びである。丹念な校正や編集作業で再びタッグを組めた東京堂出版の小代渉さん、日々応援をいただいている皆さんのおかげで、ようやく私と歌舞伎の四十年を形ある姿にまとめることができた。改めてお礼を申し上げたい。結婚二十五年の節目まで支え続けてくれている妻・統子にも感謝、である。

平成三十年一月

中村義裕

◉著者紹介

中村義裕（なかむら よしひろ）

演劇評論家。日本文化研究家。著述家。早稲田大学エクステンションセンター講師。
国際演劇協会会員。日本演劇協会会員。
一九六二年、東京都生まれ。一九八六年、早稲田大学第二文学部演劇専修卒業。
・その他、雑誌・新聞などに連載多数。また、演劇・日本文化関係の講演、講義などを精力的に行っている。
・ウェブサイト「演劇批評」にて、オールジャンルの舞台の批評を中心に、芸術関連のエッセイを執筆（一九九六年〜）。

［単著］
『観客席の片隅で』（出版文化研究会、二〇〇五年）
『九代目・松本幸四郎』（三月書房、二〇一四年）
『日本の伝統文化しきたり事典』（柏書房、二〇一四年）

［共著］
『歌舞伎登場人物事典』（白水社、二〇〇六年）
『松村雄基　語り下ろし「今。」』（二〇〇九年）
『最新　歌舞伎大事典』（柏書房、二〇一二年）
『日本戯曲大事典』（白水社、二〇一六年）

歌舞伎《かぶき》と日本人《にほんじん》

二〇一八年一月二〇日　初版印刷
二〇一八年一月三〇日　初版発行

著者　中村義裕
発行者　大橋信夫
発行所　株式会社　東京堂出版
〒一〇一―〇〇五一
東京都千代田区神田神保町一―一七
電話〇三―三二三三―三七四一
http://www.tokyodoshuppan.com/

装丁　鈴木正道（Suzuki Design）
組版・印刷・製本　富士リプロ株式会社

ISBN978-4-490-20977-8　C1074